欧罗巴的悲剧

经济危机、绥靖政策

与第二次世界大战的爆发

THE
TRAGEDY
OF
EUROPE

[英]约翰·A.R.马里奥特 著

栗亚杰 译

吉林出版集团股份有限公司

图书在版编目（CIP）数据

欧罗巴的悲剧：经济危机、绥靖政策与第二次世界
大战的爆发 / (英) 约翰·A.R.马里奥特著；栗亚杰译.
长春：吉林出版集团股份有限公司，2025.6. — ISBN
978-7-5731-6867-2

Ⅰ. K152

中国国家版本馆CIP数据核字第20254F5Q78号

欧罗巴的悲剧：经济危机、绥靖政策与第二次世界大战的爆发
OULUOBA DE BEIJU: JINGJI WEIJI SUIJING ZHENGCE YU DI-ER CI SHIJIE DAZHAN DE BAOFA

著　　者	[英] 约翰·A.R.马里奥特
译　　者	栗亚杰
总 策 划	韩志国
策划编辑	齐　琳
责任编辑	张继玲
封面设计	@框圈方圆
开　　本	720mm×980mm　1/16
字　　数	225千
印　　张	19.25
版　　次	2025年6月第1版
印　　次	2025年6月第1次印刷

出　　版	吉林出版集团股份有限公司
发　　行	北京吉版图书有限责任公司
地　　址	北京市西城区椿树园15-18号底商A222
	邮编：100052
电　　话	总编办：010-63109269
	发行部：010-63106240
印　　刷	固安兰星球彩色印刷有限公司

ISBN 978-7-5731-6867-2　　　　　　　　　　　　　定价：76.00元

前　言

　　提到"现代史"的价值，人们有各自不同的观点，但这本书只叙述重大历史事件。它可能会为以寻找历史参考资料为目的的读者带来方便。离开伦敦前，我已经完成了本书的初稿，但接下来不得不在封闭的环境中、离乡背井的情况下完成校对工作。我被剥夺进入图书馆查找参考书的权利，甚至无法查阅自己写的书。从前，我的校对稿常常由与我交好的评论家修订，但这次无法享受这样的待遇了。我谨慎地避免书里出错，但如果书里还有错误，只能请求评论家宽容我，读者原谅我。其实，作为读者，我也常在其他书中发现错误。

　　考虑到普通读者的阅读感受，我没有在书里添加太多脚注。尽管不是为炫耀参考了丰富的原始研究资料，但我还是要尽可能地列出写作过程中参考的主要资料：蓝皮书、白皮书、条约原文、议会议事录及历史事件主角的日记和信件等。在写作过程中，我也参考了自己经历过的一些事件。

　　我将列举一些参考过的、有用的书。感谢这些为我提供帮助的著作，但最感谢的还是我之前的著作，因为可以自由地引用这些著作中的内容，甚至偶尔引用某个段落时也只是简单地变换一下句子的形式。我引用较多的著作有：《东方问题》[①]（*The Eastern Question*）、《联

[①]　克拉伦登出版社，第四次修订版，1940年。——原注

邦还是无政府？》[1] *(Commonwealth or Anarchy?)*、《现代英国》[2] *(Modern England)*、《现代意大利的缔造者》[3] *(The Makers of Modern Italy)*、《独裁和民主》[4] *(Dictatorship and Democracy)*、《英国人在印度》[5] *(The English in India)*、《大英帝国和英联邦的演变》[6] *(The Evolution of the British Empire and Commonwealth)*。为了节省时间，我就不一一感谢上面这些参考的著作了，相信读者会理解我。

约翰·A.R.马里奥特

---

[1]　牛津和哥伦比亚大学出版社，1940年。——原注

[2]　梅休因出版社，修订版，1940年。——原注

[3]　克拉伦登出版社，修订版，1937年。——原注

[4]　克拉伦登出版社，第二次修订版，1937年。——原注

[5]　克拉伦登出版社，1932年。——原注

[6]　尼克尔森和沃森出版社，1939年。——原注

目　录

第 1 章　　CHAPTER I

- 序曲
- 民族主义和国际主义

Prelude

Nationalism and Internationalism

如果一个世纪以后的某位历史学家准备着手写过去25年[①]的历史，那么他的任务绝不简单。这位历史学家最大的优势是确实能正确地看待这段历史时期发生的事。这是当代编年史作者无法做到的。在写作过程中，这位历史学家不会缺少原创著作，但可能会被无数官方和非官方的出版物淹没。在世界大战结束后，官方和非官方的出版物就开始快速累积。欧洲各国政府争先恐后地开设档案馆，并向一个仍然有些混乱的世界展示政策的主要来源、外交的秘密，以及统治者及其追随者的机密评论和信件。一些人同样急于向后代证明自己的清白。对曾参与的事务，越来越多的士兵和海员、外交官和政客、政治评论家和记者都试图尽可能公正地向整个世界发表评论。历史学家也像当代人期待的那样，尽可能公正地记录事件。因此，若未来的某位历史学家没能正确解读这一重要历史时期的事件，可能并不是因为缺少第一手资料和第二手资料。

我们敢预测未来的历史学家的观点吗？我们至少可以确定，每位研究这一历史时期的历史学家都能真正感受到这些事件构成了一部悲剧。安德鲁·布拉德利博士曾经真诚地说："对不幸者的同情与担忧并非悲剧性的同情与担忧。"对这句话恰当的理解是，从本质上来说，悲剧不是在于正确一方和错误一方的矛盾，而是在于正确的两方

---

① 指1914年到1939年。——原注

之间的矛盾，以及宣称效忠人民的列强之间的矛盾。因此，在著名的埃斯库罗斯三部曲中，俄瑞斯忒斯在孝心的驱使下为父亲阿伽门农复仇，但阿伽门农是被妻子克吕泰涅斯特拉杀害的。因此，俄瑞斯忒斯因复仇而杀害母亲的行为违反了孝道。俄瑞斯忒斯对父亲的孝心与他对母亲的孝心之间产生了剧烈的冲突。

人们很难在1919年到1939年的"武装和平"时期同时遵守民族主义和国际主义的原则；在受爱国主义激励的同时，忠诚地遵守《国际联盟盟约》[①]的条约。因此，上流社会即使没有强烈谴责民族主义，也开始质疑它。但在整个19世纪，民族主义占主导地位。1814年到1815年，签订《巴黎条约》的外交家们备受指责，原因是他们缺乏远见，并压制了法国大革命爆发出的最重要、最有益的力量。由于领土调整，人民的利益和情感都立即受到影响。然而，外交家们对此却视而不见。他们只关注独裁者的意愿和王室的主张。他们压制一切自由主义的倾向，并蔑视民族精神。为了补偿瑞典王国失去芬兰的损失，《巴黎条约》将挪威从丹麦王国分割出来，并将挪威划给了瑞典王国。为了使撒丁王国迅速扩大并得到发展，《巴黎条约》主张将历史悠久的热那亚共和国划给皮埃蒙特。哈布斯堡王朝吞并了威尼斯。为了在法国和普鲁士王国之间形成一道巨大的屏障，比利时和荷兰联合，成为荷兰王国。

签订《巴黎条约》时犯下的错不能在1919年重现。于是，劳合·乔治和同僚下定决心到巴黎全面实施美国总统伍德罗·威尔逊的"自主"原则。民族主义成为《凡尔赛和约》的主要基调之一。

---

① 《国际联盟盟约》是国际联盟的宪章，于1919年6月28日签订。——译者注

　　然而，民族主义不足以帮助参加巴黎和会的外交家们实现目的。《国际联盟盟约》是《凡尔赛和约》的第一部分，它基于两个相互矛盾的原则：一方面，《国际联盟盟约》尊重并小心守护国家主权的原则。另一方面，《国际联盟盟约》依靠"集体安全"来避免国际战争。只有全体成员达成一致意见，国际联盟理事会才能做出决定；但即便做出决定，也没办法顺利实行。

　　当1919年到1920年的《凡尔赛和约》的弱点暴露出来时，人们才发现1814年到1815年的《巴黎条约》的优点。对比这两个条约，人们不得不承认，正是维也纳的外交家使欧洲暂时避免了战争。否则，从1815年到1914年，欧洲无论如何都不会是休战的状态。很多人称赞1851年和1862年的万国博览会是各国通过共同繁荣实现了和平的证明。英国桂冠诗人阿尔弗雷德·丁尼生[1]勋爵甚至毫不夸张地向各国统治者表达自己的恳求：

　　　　明智的思想家，明智的统治者

　　　　在增长的商业中解开了最新的枷锁，

　　　　并让拥有美丽白翼的和平使者

　　　　飞向天空下快乐的港湾，

　　　　在四季美好的时光里；

　　　　直到每个人都找到自己美好的一面，

　　　　直到所有人在工作中都感受到高尚的兄弟情谊……

────────────

① 阿尔弗雷德·丁尼生（1809—1892），维多利亚女王统治时期的桂冠诗人，至今仍是英国最受欢迎的诗人之一。——译者注

人们摧毁舰队和武装堡垒，

人们遵循自然的力量去统治，

人们收集地球上的所有果实并戴上地球上的所有花。

　　然而，理查德·科布登实施自由贸易政策的梦想未能成真。人们对阿尔弗雷德·丁尼生勋爵的恳求置若罔闻。舰队没有被摧毁，相反，许多士兵被招来守卫坚固的塔楼。而所谓"明智"的统治者非但没有松开贸易的铁链，反倒砌起越来越高的"税收堡垒"。然而，直到20世纪，人们才开始担心即将到来的大冲突。

　　第一次世界大战的起因没有进入本书的讨论范畴。不过，人们可能对其起因没有争议。第一次世界大战爆发的主要原因是俾斯麦在1878年柏林会议上的一个重要决定。如果一定要在奥匈帝国和俄罗斯帝国之间选择一个做德意志帝国的盟国，俾斯麦会选择奥匈帝国。由于俾斯麦的继任者拙劣的外交手段，德意志帝国不得不选择奥匈帝国作为自己的盟国。尽管英国国王爱德华七世很信任德意志帝国，但试图"包围"德意志帝国的想法很荒谬。一方面，1891年，法国与俄罗斯帝国结盟；1904年到1907年，英国、法国和俄罗斯帝国分别签订了协议，这加剧了德意志帝国的怀疑。另一方面，阿尔弗雷德·冯·蒂尔皮茨主张的海军政策使英国和德意志帝国的关系进一步恶化。理查德·霍尔丹勋爵坚持认为阿尔弗雷德·冯·蒂尔皮茨不想打仗，"但他希望拥有让德意志帝国根据自己的意愿扩张的权力"。事实如他所愿，1900年，伯恩哈德·冯·比洛伯爵成了德意志帝国首相。他从一开始就直言不讳地说："德意志帝国在殖民、商业和海军方面的进步必然会给英国带来不便。虽然事态发展可能会通过外交手段得以缓

解，但德意志帝国的进步还是会给英国带来不便。"根据比洛伯爵的
观点，德意志帝国之所以快速发展，是因为下列事实：德意志帝国的
行动得到了英国的默许。1890年，索尔兹伯里侯爵罗伯特·加斯科
因-塞西尔主导了英国、德意志帝国和法国瓜分非洲的行动。澳大拉
西亚[①]殖民地抗议德意志帝国入侵太平洋的行径。正如理查德·霍尔
丹所说，德意志帝国并没有因上述事实而感激英国，而是最终选择了
一种更难让人接受的方法。然而，在最后一刻，奥匈帝国将德意志
帝国拖入了自己与俄罗斯帝国的战争。法国也因俄罗斯帝国而卷入
战争。面对德意志帝国军队入侵法国，尤其是通过比利时王国入侵
法国，英国不能坐视不管。上述都是无可争议的事实。值得考虑的
是，为什么"结束战争"的战争在停战20年后重新爆发？

　　一些批评家将战争重新爆发的责任归结到1919年到1920年负责
《凡尔赛和约》谈判的政治家的身上。批评家认为政治家们的行为破
坏了《国际联盟盟约》中提出的和平规划。如果人们确实认为1919年
到1939年的一系列事件是一场悲剧，那么很明显有更重要和更强大的
力量酿成了这场悲剧。

　　民族主义是酿成这场悲剧的力量之一。《凡尔赛和约》将民族
主义体现到了极致。欧洲被"分割成小国"，主权国家从20个增加到
27个，政治、军事和经济的边界被极大延长。国际贸易因增加的税
额和贸易壁垒的建立而被束缚。《凡尔赛和约》的确尊重民族自决的
原则，但无法完全消除民族的异常行为。边境的任何调整都无法最终

---

① 澳大拉西亚是大洋洲的一个地区，包括澳大利亚、新西兰和周边的太平洋岛
　　屿。——译者注

解决少数民族的问题。据估计，1914年，大约有4500万人处于异族的统治之下。但《凡尔赛和约》将这个数字减少了近三分之二——大约1600万人可能还处于异族统治之下。于是，在民族主义面前，欧洲的民主与美国的民主一起向其致敬。但民族主义难道不是对自由的重要补充吗？J.S.米尔写道："一般而言，自由制度的必要条件是国家的界限应该与民族的界限基本一致。"而约翰·达尔贝格-阿克顿坚持认为："最完美的国家应当像英国和奥匈帝国一样，包含不同的民族，并且各民族不反对国家。"约翰·达尔贝格-阿克顿总结道："一个国家如果不能满足不同民族的要求，就应当自责。一个国家如果努力压制、同化或驱逐不同的民族，就是在破坏自己的活力。一个不能容纳不同民族的国家缺少自治的重要基础。"值得注意的是，在希特勒开始掌握德国政权的25年前，约翰·达尔贝格-阿克顿就写下了这段话。约翰·达尔贝格-阿克顿坚持认为，民族多样性不会削弱一个国家的国力，并且民族多样性不仅能保护自由，还是协助国家"走向文明的主要手段之一"。毋庸置疑，民族主义应该与鼓舞人心的健康情感相结合。过度的民族主义是有害的。"一个人如果虽然在呼吸，但灵魂已亡"，就可以不带感情地去听塞西尔·斯普林·赖斯的诗句："我向你发誓，我的国家，我要全部地、完整地、完美地奉献我的爱，给你尘世的一切"；或听1798年法兰西军队入侵埃及时，塞缪尔·泰勒·科尔里奇表达恐惧的诗句："哦，英国！哦，我的祖国！什么都无法证明你对我是多么珍贵和神圣……我的国家赋予我生命和灵魂"；或听阿尔杰农·查尔斯·斯温伯恩气势恢宏的《英格兰颂》；或听亨利·纽博尔特轻松却感人的诗歌；或听约翰·米尔顿和华兹华斯的爱国十四行诗；或听阿尔弗雷德·坦尼森勋爵关于"国家的"和"帝国的"诗歌；尤其听听莎士比亚借冈特的约翰[①]之口所诵的气势恢宏的诗歌：

> 这个国王的御座，这个君主的岛屿，
>
> 这片庄严的大地，这个胜利的宝座，
>
> 这个新的伊甸园，地上的天堂，
>
> 这个大自然打造的堡垒……

即使上述诗歌感人至深，也不能认为其他国家的爱国诗歌就比不过它们。民族主义并非某个国家独有的情感，也不一定导致国家之间相互竞争。然而，在纯粹的政治分析中，我们如果不能借助诗歌，那么可以参考最近的一本客观严谨的哲学研究著作[②]。在严谨地分析后，该书得出结论：即使不同国家的人民之间越来越团结，也不可能取代民族主义；任何真正的联邦制度都必然涉及国家主权的限制，但不可能取代民族主义。

接下来，我们会进一步论证现在的不利局面在很大程度上源于民族主义原则和国际合作原则之间的矛盾。这两个原则都是正确并值得赞扬的。但它们之间的矛盾很难调和。国际联盟体现的国际合作原则显然无法从单个国家得到足以维持国际和平的支持。因此，只要世界没有陷入混乱，就一定要弄明白国际联盟失去作用的原因。要仔细研

---

① 冈特的约翰（1340—1399），英格兰国王爱德华三世的儿子，兰开斯特公爵，著名军事领袖和政治家。——译者注

② 《民族主义：一份由皇家协会的学生团体成员所做的国际事务报告》，1939年。——原注

究并提出改进或废除现有国际联盟机制的建议。要审查那些可能令人满意的备选计划。通过审查，人们可能发现《国际联盟盟约》设计的机制是有缺陷的，这将导致国际联盟在任何情况下都不可能成功；或者通过审查，人们最终发现，失败的责任的确在于有缺陷的机制和不稳定的局势。

为了避免在后续篇章赘述，我们最好在审查开始时就确定是否可以略过一些大家都认可的观点，是否有某些主张会被参与讨论的各国接受，而不需要进一步论证。那么，人们能接受下列主张吗？

第一，自1919年以来，欧洲普遍存在的混乱局面，即使不是美国的责任，也一定是出席巴黎和会的美国代表的责任。但美国之外的人无法评估美国总统伍德罗·威尔逊和美国国内的反对派应当分别承担多少责任。尽管一些人认为这么说不妥，但欧洲的确因相信伍德罗·威尔逊总统在巴黎是代表美国发言和行动的，才允许他深度参与《凡尔赛和约》的制定和国际联盟的创建。不管怎么说，不可否认的事实是，美国的背叛①削弱了国际联盟的有效性，导致其无法再恢复。

第二，我们可以确定的是，为了维护世界和平，英国和法国都很焦虑。我们无法确定这种焦虑是崇高的道德引起的，还是欲壑难填引起的。然而，英国和法国的确维护了世界和平。

第三，无论是何种原因，法国一直处在恐惧中。法国在第一次世界大战中的巨大牺牲和悲惨遭遇换来了发展的优势。法国惧怕德国复苏会夺走自己的优势，因此，不断使用应急手段以维持优势。伍德

---

① 指美国拒绝签署《凡尔赛和约》，并且拒绝加入国际联盟。——译者注

罗·威尔逊和劳合·乔治否决了法国关于莱茵河边境的提议。1919
年，法国将军斐迪南·福煦称，关于莱茵河边境的提议对法国的安全
至关重要。之后，法国转而寻找其他应急办法。法国与英国和美国签
订了条约。条约规定，"如果德国无缘无故地入侵法国"，英国和美
国这样的大国要立即支持法国。美国政府并没有兑现伍德罗·威尔逊
的承诺，所以这个条约最终无效。后来，法国又从两个方向寻求安全
保护——依靠《国际联盟盟约》；与波兰共和国和小协约国结盟。这
两种权宜之计都失败后，法国寄希望于被称为"马其诺防线^①"的自
卫防御工事。在法国国内，上述政策备受批评。但不可否认的是，法
国采取的每种应急手段都有完全正当的理由。

第四，说到德国，我们就很难达成共识了，即德国对停战协定的
赞成——正如德国一直声称的那样——是不是一种欺骗手段。可以确
定的是，德国确实被迫在凡尔赛宫签署了强加的条款，还可以确定的
是，德国一有机会就会毁约。

第五，离开巴黎和会时，意大利人并非空手而归，但他们对巴
黎和会的结果很不满意。在亚得里亚海争端中，伍德罗·威尔逊毫不
掩饰地支持南斯拉夫人，对此，意大利人非常恼怒。尽管意大利王国
在欧洲的地位不稳定，但它在巴黎和会中发挥的作用对西方国家帮助
很大。1915年《伦敦条约》中的协议真正解决了意大利王国东北部
边境和亚得里亚海问题。因此，意大利王国被"自己的盟国掠夺了胜
利的果实"的说法过于夸张。但意大利人的确有理由抱怨——尤其是

---

① 马其诺防线是20世纪30年代法国建立的防御工事，目的是阻止德国军队的入
　侵。——译者注

1917年《圣让-德莫里耶讷协定》为意大利王国制定的补充条款——士麦那被划给希腊王国。意大利人更有理由抱怨关于非洲殖民地问题的承诺被忽视了。《伦敦条约》许诺意大利王国，"法国和英国如果从德国那里得到更多的非洲殖民地，那么原则上同意意大利王国可以获取公平的补偿，尤其在意大利王国的殖民地厄立特里亚、索马里兰和利比亚——它们与法国的殖民地和英国的殖民地相邻——的边界问题上，条约中的条款应对意大利王国有利"。在巴黎，意大利王国没有得到一寸非洲的土地。因此，人们不难理解意大利王国为什么反对《凡尔赛和约》。不断讨价还价后，英国确实让出了朱巴兰的一小块土地。1925年，这块土地被并入意大利王国的殖民地索马里兰。然而，协约国基本没有兑现1915年的承诺。意大利人对《凡尔赛和约》的不满引发了动乱。随后，他们开始在法西斯主义运动中发泄不满情绪。现在，人们无法原谅法西斯主义，但1935年，法西斯主义成为意大利军队入侵埃塞俄比亚的理由。

第六，意大利王国与巴尔干半岛问题密切相关。当时的人们认为世界大战能解决古老的"东方问题"，但结果并未如愿——后文会给出原因。人们的共识是，解决"东方问题"即使不是实现欧洲和平的必要前提，也至少对欧洲的持久和平至关重要。建立巴尔干同盟[①]是最理想的解决办法。1912年，由于希腊王国首相埃莱夫塞里奥斯·韦尼泽洛斯、保加利亚王国首相伊万·叶夫斯特拉季耶夫·盖朔夫和英国外交大臣爱德华·格雷爵士的努力，巴尔干同盟差点儿成立。如果

---

① 1912年，由希腊王国、保加利亚王国、塞尔维亚王国和黑山王国组成的军事同盟。——译者注

巴尔干同盟成立，世界大战即使不能避免，也能推迟。尝试建立巴尔干同盟的失败加速了世界大战的爆发。如果未来西欧没有恢复和平，这一失败可能再次引发世界大战。

第七，现阶段，在远东问题上，欧洲各国未能达成共识。另外，关于两个问题，各国也未能达成共识：一个问题是苏俄与德国的关系，另外一个问题是波罗的海和斯堪的纳维亚的权力纷争。但没有人会反对一种主张——自1918年以来，莫斯科对所有大国和一些小国的国内事务都很有影响力。

第八，欧洲的一些小国家，如瑞士联邦和挪威王国完全忠于国际联盟，并且坚持维护和平。然而，这些小国的物质力量决定了它们没有能力实现自己的美好愿望。为了保持中立，欧洲的小国做出了持之以恒的努力。但努力都白费了，而且后来发生的事证明它们的努力只换来了灾难。

读者还应意识到，在接下来的各章里，我们回顾的历史阶段可能会令人失望。正如很久以前一位法国神父所说："上帝抹掉文字时，正是他准备开始书写时。"上帝会拒绝抹掉1914年到1918年的历史吗？在这令人疲倦的4年，人们一直充满勇气。勇气的来源是战争会"结束战争"的承诺。巴黎和会的纪念碑上写着两个词：自主、和平。 20世纪中期，人们辱骂和抨击民族主义。而"武装停战"已经导致了另一场可怕的战争[1]。有人已经在忙于制订永久和平计划。他们认为现在应当结束战争。一些人将国际联盟的瓦解归因于过度细化的机制，他们建议废除主权国家常设议会；一些人将国际联盟的失败

---

① 指第二次世界大战。——译者注

归因于它的软弱，他们建议强化《国际联盟盟约》的条款；还有一些人建议将单个国家的主权转移到联邦机制创造的权力机构之下。不管怎样，毋庸置疑，我们一定会不遗余力地探索一种行之有效的方法，使混乱的世界得到救赎，并为新的世界秩序奠定基石。

第 2 章 | CHAPTER II

- 一笔尴尬的遗产
- 一系列和平条约

An Embarrassing Legacy

The Peace Treaties

在接下来的论述中，我们会不可避免地频繁提到1919年到1920年的《凡尔赛和约》，因此，我们最好在开头简要叙述一下《凡尔赛和约》的特点。

　　研究《凡尔赛和约》的评论家必须记得，在某些方面，第一次世界大战与之前的战争有所不同。第一次世界大战不仅是由专业军队代表的政府之间的战争，还是民族之间的战争。各民族并非处于未开化的状态，而是进入了高度文明的社会，而文明程度越高对混乱就越敏感。因此，战争事实上导致了社会、工业和政治完全陷入混乱状态。

　　欧洲上一次剧变发生在1815年。之后，世界的进步使1919年的和平调解者的任务比之前维也纳的和平调解者的任务更加艰巨。这是多种原因造成的，而且最主要的两个原因是相互矛盾的：一方面，科学的发展使各国比之前更加相互依赖。另一方面，欧洲各民族有了更强的自主意识。之前，欧洲各国很难与邻国频繁交流；进入20世纪，欧洲各国更加怀疑邻国。1914年8月，预言家们曾警告人们，第一次世界大战会影响世界局势，但他们没料到和平调解者在1919年会面对如此混乱的局势。战争将重塑秩序——古代王朝被推翻，政府体制被抹黑，历史上曾经的疆域被抹去。然而，一些国家有了希望，尤其是波兰共和国、意大利王国和巴尔干半岛的国家。这些国家经常有一些新的异常举动，而这些举动比它们曾经改正的异常举动更加恼人。在战争的紧急状况下，在经济领域和工业领域，各国难免会有不明智的

行为。为了军需品，各国被迫用人民艰难积累的存款去支付高昂的军费。这意味着沉重的债务负担将诱使一些政府赖账，使其最终失去信用。巨大的债务将使所有政府无法承受税收重担。于是，政府将被迫把税收重担强加到人民身上。

当人们认为参加巴黎和会的和平调解者应为第二次世界大战的爆发负责时，他们必须记得下列事情。和平调解者的决定体现在下列条约中：

1919年6月28日，德国和协约国及相关国家签订的《凡尔赛和约》。

1919年9月10日，协约国与奥地利共和国签订的《圣日耳曼条约》。

1919年11月27日，协约国与保加利亚王国签订的《纳伊条约》。

1920年6月4日，协约国与匈牙利王国签订的《特里亚农条约》。

1920年8月10日，协约国与奥斯曼帝国签订的《色佛尔条约》。

《色佛尔条约》从未得到奥斯曼帝国苏丹穆罕默德六世的认可。最终，1923年7月24日，协约国与土耳其共和国签订《洛桑条约》，从而取代了《色佛尔条约》。

直到1920年11月，针对之前争论的问题，意大利王国和南斯拉夫王国才达成共识。后来，在拉巴洛，意大利王国和南斯拉夫王国签订了《拉巴洛条约》。

现在，我要简要总结上述条约中的重要决定。

近3个世纪里，法兰西人和德意志人一直在激烈地争论边境问题，尤其是阿尔萨斯和洛林的归属。1552年，法兰西国王亨利二世率军占领梅斯、图勒和凡尔登这三个主教城市。最终，1766年，整个洛

林和巴尔并入法兰西王国。1648年，在《威斯特伐利亚和约》模糊不清的条款中，神圣罗马帝国将阿尔萨斯割让给法兰西王国。为了自己的利益，法兰西国王路易十四解释了《威斯特伐利亚和约》中的条款，并确定了洛林和阿尔萨斯的归属问题。直到1815年，法兰西的统治者一直明智并耐心地管理着阿尔萨斯和洛林。拿破仑最终的失败使德意志人有机会"赎回"阿尔萨斯和洛林，然而，由于威灵顿公爵阿瑟·韦尔斯利的固执，德意志人未能实现愿望。威灵顿公爵阿瑟·韦尔斯利虽然认同法兰西王国在与邻国的关系中不应保留那么强大的力量，但仍坚持认为，如果德意志人从法兰西人手中夺走阿尔萨斯和洛林，法兰西人一定会被激怒。他害怕法兰西人会为收复失地而再次发动战争。因此，威灵顿公爵阿瑟·韦尔斯利使反法同盟无法达成最终目标——恢复欧洲的持久和平。反法同盟一直在为这个最终目标奋斗。

　　1871年，形势发生了逆转。《法兰克福条约》将阿尔萨斯和洛林割让给德意志帝国，法国国民议会"背叛"了阿尔萨斯和洛林。来自阿尔萨斯和洛林的35位代表抗议《法兰克福条约》，他们的宣言令人同情："阿尔萨斯和洛林的人民现在离开了共同的家园。他们虽然离开了，但直到回归家园的那一天，都会一直忠诚地爱着法国。"

　　1914年11月，阿尔萨斯和洛林似乎能回归法国了。法国将军约瑟夫·霞飞向迎接自己的阿尔萨斯和洛林人民保证："我们回来了，你们永远都是法国人。"在当时，约瑟夫·霞飞言之过早。然而，到了1919年，法国兑现了这个承诺。收回阿尔萨斯和洛林只是法国对德国多项要求中的一项。正如我们所见，斐迪南·福煦没能到达莱茵河边

境，同时美国参议院^①不断变化的承诺欺骗了法国。莱茵河的西岸被永久解除武装，而莱茵河东岸被协约国占领了15年——之后减少到10年。此外，德国被解除武装，不能保留空军、潜艇、重机枪或坦克。国际联盟要求德国废除征兵制，并把陆军缩减到10万人，把海军缩减到15 000人。国际联盟还禁止德国拥有军舰。国际联盟理事会负责监督德国解除武装的执行情况，但它没有积极开展这项艰难的工作。

为了弥补被德国军队摧毁的大量煤矿，法国得到了萨尔盆地的煤矿。整个萨尔盆地是德国最重要的工业区，国际联盟理事会负责管理这里15年。

德国交出了所有殖民地。这些殖民地被分给英国、澳大利亚联邦、新西兰、南非联邦、法国、日本帝国和比利时王国。德国服从公投结果，将一块大约400平方英里^②的土地割让给比利时王国。比利时王国利用这一土地改善了自己的战略处境。德国可以保留荷尔斯泰因和石勒苏益格的南部地区，但在公投结果的要求下，要为丹麦王国重建石勒苏益格北部地区。

波兰问题最棘手。从一开始，人们就认定古老的波兰王国的分崩离析——1772年到1815年——是俄罗斯帝国、普鲁士王国和奥地利帝国所致，它们犯下了难以饶恕的罪行。法国尤其坚持这个观点。重建波兰是协约国公开宣战的目的之一。伍德罗·威尔逊"十四点原则"中的第十三点原则是："我们应当建立一个独立的波兰。波兰应

---

① 谈判的进程参见《施政报告》（1924）。实施保护的法案在英国议会通过。——原注
② 英制面积单位。1平方英里约为2.59平方千米。——译者注

当包括有波兰人居住的所有土地。波兰人应当有自由和安全出入周围海域的权利。国际联盟应当保护波兰人政治和经济的独立及其领土完整。"伍德罗·威尔逊并没有解释第十三点原则如何与普鲁士人的民族自决一致。第十三点原则也难以解决但泽[①]问题。对大多数普鲁士人来说,但泽是波兰通向大海的天然出口。波兰依靠维斯瓦河,而但泽控制着维斯瓦河。全民公投决定了东普鲁士和上西里西亚的归属。1920年,通过全民公投,协约国将东普鲁士划给德国,并将上西里西亚分给德国和波兰共和国。但泽将成为一个有独立自主权的自由城市。在协约国的全力保障下,波兰共和国负责管理但泽。与但泽一样,梅梅尔[②]也是投降的德国城市。1923年,协约国将梅梅尔划给了立陶宛。德国总共丢失了26 000平方英里的土地。这些土地上有大量德国工业建筑和自然资源,以及大约600万人口。德国还被要求支付巨额赔款,但当时数额不确定。然而,《凡尔赛和约》中有一项条款对德国自尊心的伤害比其他任何条款都要大。这项条款指控德国,并要求它承认自己应对战争负责。在整个"武装停战"期间,德国受到的指控就像是一块溃烂的伤疤,让它难以忍受。尽管不切实际的英国评论家反对这项指控,但这项指控的内容是事实。然而,德国人不乐意总听到这个令人不悦的事实。一直提起这个事实也不是明智之举。

协约国代表在巴黎会晤前,"摇摇欲坠"的哈布斯堡帝国就已分崩离析。1918年12月14日,由历史上的波希米亚、摩拉维亚和斯洛伐克组成的捷克斯洛伐克宣布建立独立的共和国,选举托马什·加

---

① 今波兰格但斯克。——译者注
② 梅梅尔,今称克莱佩达,是立陶宛唯一的海港。——译者注

里格·马萨里克为共和国的第一任总统。托马什·马萨里克是一位著名的学者和伟大的爱国者。协约国需要为这个新成立的共和国划定边界。协约国需要界定最终包括上西里西亚的狭长地带及大约300万名德意志人居住地区的边界。这些德意志人主要居住在波希米亚北部的苏台德地区。

1919年9月10日，奥地利共和国被迫接受了以《凡尔赛和约》为范本而制定的《圣日耳曼条约》。奥地利共和国陷入困境，让人怜悯。古老的哈布斯堡帝国的中心国家因捷克斯洛伐克的诞生而与匈牙利王国分离。奥地利共和国的土地被割让给波兰共和国、意大利王国、罗马尼亚王国和南斯拉夫王国。之后，奥地利共和国只剩下3.2万平方英里的土地和600万人口。协约国切断了奥地利共和国通向大海的通道，并禁止奥地利共和国与德国相连。因此，许多小国家包围了奥地利共和国。这些小国家都独立，极度主张贸易保护主义，并且都对奥地利共和国不友好。奥地利共和国在波希米亚唯一重要的工业区被剥夺，自然资源的供给和所有通往外部市场的通道都被阻断。奥匈帝国曾拥有2000万人口，曾是欧洲最快乐和最可爱的国家之一，现在，奥地利人却背负着主要战争罪责。它的困境博得了欧洲各国的同情。不久，奥地利共和国的困境使其得到了整个欧洲的财政支援。欧洲没有忘记奥地利人要对第一次世界大战负主要责任，但决定原谅奥地利人。

1918年10月31日，匈牙利王国就已经宣布独立，之后一直处于混乱之中。因此，直到1920年，协约国才与匈牙利王国缔结《特里亚农条约》。它将北部一大片领土割让给了捷克斯洛伐克共和国，将南部一大片领土割让给了南斯拉夫王国，将东部三分之一的领土割让给了

罗马尼亚王国。后来，匈牙利王国虽然陷入无政府状态，但依然是一个国家，只是残缺不全。这个历史悠久的、充满自豪感的国家的土地只剩下36 000平方英里，而人口只剩下800万。匈牙利王国从未默许战争，尽管它于1914年被迫攻打过一些国家。战后的匈牙利王国虽然陷入贫困，但有尊严地进行着重建工作。这在很大程度上激发了欧洲各国对它的同情。

塞尔维亚王国和罗马尼亚王国都迫切地向西方盟国提出了要求。根据《凡尔赛和约》，塞尔维亚王国和罗马尼亚王国都收获颇丰。1918年12月，塞尔维亚王国被宣布成为南斯拉夫新三位一体王国[①]的核心国家。新的南斯拉夫王国获得了原属于哈布斯堡帝国的波斯尼亚和黑塞哥维那。除了塞尔维亚，南斯拉夫王国还包括克罗地亚-斯拉沃尼亚、施蒂里亚的部分地区、卡林西亚、巴纳特和达尔马提亚。《凡尔赛和约》未明确黑山王国的疆域。直到1921年3月1日，黑山国王尼古拉一世去世，黑山王国才明确加入南斯拉夫王国。此时，南斯拉夫王国的土地面积达到了96 134平方英里，人口超过了1400万。

通过《凡尔赛和约》，罗马尼亚王国的领土大幅增加。带着人民的美好意愿和国际联盟理事会的许可，1920年3月，罗马尼亚王国得到了原属于俄罗斯帝国的比萨拉比亚。罗马尼亚王国似乎实现了长久以来的野心。根据《圣日耳曼条约》和《特里亚农条约》，匈牙利王国的特兰西瓦尼亚和奥地利共和国的布科维纳及巴纳特的泰梅什堡

---

① 1918年12月1日，塞尔维亚、克罗地亚、斯洛文尼亚联合组成塞尔维亚-克罗地亚-斯洛文尼亚王国。1929年10月，亚历山大一世将国家正式命名为"南斯拉夫王国"。——译者注

一半的土地被划给了罗马尼亚王国。在得到这些土地后，罗马尼亚王国的领土面积和人口达到了之前的两倍多。第一次世界大战后，罗马尼亚王国的人口超过了1700万，而领土面积大约有123 000平方英里。因此，罗马尼亚王国的确是巴尔干同盟中最大的国家。然而，罗马尼亚王国也面临内部和外部诸多难题：德国和苏俄都不是好相处的国家；保加利亚王国仍觊觎罗马尼亚王国南部的多布罗加。特兰西瓦尼亚4 294 000人中只有231万人是罗马尼亚人，还有150万人是马扎尔人。与此同时，特兰西瓦尼亚的撒克逊人虽然人数较少，但看不起马扎尔人和罗马尼亚人。

1913年，在巴尔干半岛战争中，保加利亚王国因背信弃义而被惩罚。在第一次世界大战中，保加利亚王国再次因自己的错误判断而遭受惩罚。依照《纳伊条约》，保加利亚王国不得不割让斯特伦尼察线和西北边疆的狭长地带给塞尔维亚王国，并割让自己拥有的马其顿领土给希腊王国。

由于首相埃莱夫塞里奥斯·韦尼泽洛斯的性格问题，希腊王国并没有真正得到"战利品"。1915年，《伦敦条约》承诺将君士坦丁堡给俄罗斯帝国。1919年，协约国的确没有考虑将君士坦丁堡给希腊王国。因为没有更好的方法，1920年，协约国通过《色佛尔条约》将君士坦丁堡及其周围的一些土地划给苏丹穆罕默德六世。《色佛尔条约》从未得到认可。1920年5月15日，在英国军舰、法国军舰和美国军舰的保护下，希腊军队占领了士麦那[①]。根据《色佛尔条约》的条款，希腊王国本应拥有东色雷斯、爱琴海的多个岛屿及士麦那。但希

---

① 今伊兹密尔。——译者注

腊王国得到的特许，尤其是关于士麦那的特许，遭到了意大利王国的强烈反对。当时，凯末尔带领土耳其人在安哥拉建立政府。他们无比痛恨希腊王国。

凯末尔党人称，他们绝不接受《色佛尔条约》中的条款。然而，1920年夏，协约国似乎强制凯末尔党人接受了《色佛尔条约》。1920年7月5日，希腊军队从士麦那出发，占领了奥斯曼帝国历史悠久的首都布尔萨，并占领了布尔萨对岸的色雷斯。1920年7月26日，希腊国王亚历山大一世的军队攻入哈德良堡。1920年8月10日，苏丹穆罕默德六世在《色佛尔条约》上签字。然而，1921年，土耳其人将战争矛头反过来对准希腊王国。1922年春，希腊军队在亚细亚被逼入绝境。在凯末尔的领导下，土耳其军队连败希腊军队。1920年9月9日，土耳其军队攻入士麦那，并进行大屠杀和抢掠。之后，凯末尔的军队成功占领了士麦那。来自亚细亚各地的大约100万希腊难民登上希腊王国和协约国的船开始逃亡。希腊军队彻底失败了。希腊人建立伊奥尼亚帝国的梦想破碎了。在胜利的刺激下，凯末尔党人继续进攻达达尼尔海峡，并进入英国在恰纳卡莱的军事区域。法国、意大利王国与奥斯曼帝国达成协议，这使英国面临的形势更加严峻。由于君士坦丁堡的盟军总司令查尔斯·哈林顿拥有坚定的信心和高超的战略技巧，英国与奥斯曼帝国之间的战争局势被完全扭转。

1922年11月，协约国与安卡拉政府在洛桑展开谈判。1923年7月24日，尽管伊斯梅特帕夏——土耳其共和国现任①总统——很刻薄，协约国与安卡拉政府最终还是签订了《洛桑条约》。希腊王国不

① 1940年。——原注

025

得不为不切实际的政治野心和灾难性的军事失败付出代价。它被迫将东色雷斯、印布洛斯岛和博兹贾岛割让给土耳其共和国，但保留了在爱琴海和西色雷斯的剩余岛屿。土耳其共和国放弃了向埃及地区、苏丹地区、阿拉伯地区、美索不达米亚地区、叙利亚地区、塞浦路斯地区和巴勒斯坦地区索赔。它的领土保留了包含士麦那的亚细亚。《洛桑条约》为许多色雷斯人提供了交流机会。

《洛桑条约》还解决了两个问题。16世纪以来，《基督教徒和外侨权利协定》保护了其领土上的外国人，但侮辱了土耳其人的尊严[①]。后来，《基督教徒和外侨权利协定》被废除。由于没有其他选择，协约国将君士坦丁堡给了土耳其人。土耳其人不再将君士坦丁堡作为首都。黑海海峡被解除武装，宣布保持中立。国际联盟承诺对这一狭窄的海峡提供保护。

奥斯曼帝国不复存在。1922年12月1日，在安卡拉召开的大国民议会废除了苏丹制。1923年10月，大国民议会公开宣布土耳其共和国成立，凯末尔是土耳其共和国的第一位总统，安卡拉是土耳其共和国的首都。1924年3月，哈里发制度也被废除。

说了一些题外话后，我们重新回到巴黎和会。正如已经提到的，意大利人非常不满地离开了巴黎和会。南斯拉夫人坚持保留阜姆[②]。伍德罗·威尔逊支持南斯拉夫人的主张，这让意大利人非常恼火。伍德罗·威尔逊甚至在《伦敦条约》——尽管他拒绝对其负责——中也极力主张不应将阜姆给意大利人。他的理由是"阜姆必须

---

① 《基督教徒和外侨权利协定》是奥斯曼帝国与欧洲强国，特别是法兰西王国，签订的旨在保护进入奥斯曼帝国的外国商人权利的条约。——译者注

② 今里耶卡，现属克罗地亚。——译者注

成为其北部国家和东北部国家的贸易出口，而不是意大利王国的贸易出口"。没有阜姆，克罗地亚-斯拉沃尼亚就完全被陆地包围，而拥有了的里雅斯特和波拉，意大利就能轻而易举地在贸易上、军事上称霸亚得里亚海。

1919年9月，亚得里亚海问题变得更加复杂。加布里埃尔·邓南遮是意大利王国的一位伟大诗人和狂热的爱国者。他率领一支善战的志愿军占领了阜姆。对此，意大利王国和南斯拉夫王国命令加布里埃尔·邓南遮离开阜姆。加布里埃尔·邓南遮公开违抗意大利王国的命令。事态立刻严峻起来。意大利王国和南斯拉夫王国都急于解决问题。最终，在拉巴洛，意大利王国和南斯拉夫王国达成共识。在国际联盟的监管下，阜姆被认定为独立的地区。扎达尔及其相邻的地区、凯尔索、洛希尼岛、拉科斯塔岛、帕拉格鲁扎岛及其相邻的小岛归意大利。达尔马提亚、利萨和剩下的岛屿归南斯拉夫王国。加布里埃尔·邓南遮和志愿军被逐出阜姆——意大利王国的政府军进驻阜姆。然而，阜姆还是麻烦重重。直到1922年10月墨索里尼执政，这些麻烦才最终解决。阜姆自由邦被分割。巴罗港和相邻的河流三角洲区域归南斯拉夫王国。南斯拉夫王国还得到阜姆港一片水域的50年租赁权。阜姆剩余部分和围绕阜姆的沿海走廊归意大利王国。1924年1月签订的《罗马条约》做出了上述安排。1924年7月签订的《友好合作条约》进一步深化了意大利王国和南斯拉夫王国之间的共识。

然而，意大利王国离将亚得里亚海改造成"湖泊"的目标还很远。如果意大利王国想要实现目标，那么阿尔巴尼亚，或者至少瓦罗纳至关重要。1912年，几个大国承认了阿尔巴尼亚公国这个"自治国家"。它们还推举德意志贵族威廉·维德担任大公。几个大国因解开

了巴尔干半岛的众多难题之一而纷纷庆祝。威廉·维德的统治维持了正好6个月。在第一次世界大战期间，交战各国交替占领阿尔巴尼亚公国，导致阿尔巴尼亚公国出现多位统治者。意大利军队占领了阿尔巴尼亚公国的部分地区，直到1920年才撤出。在乔瓦尼·焦利蒂的影响下，疲惫的意大利军队决定撤走。但意大利王国的民族主义者斥责撤军是"我们历史上不光彩的一页"。意大利王国只保留了控制瓦罗纳湾的一个岩石小岛——萨赞岛。1920年12月，阿尔巴尼亚公国割让北部领土给南斯拉夫王国，割让南部领土给希腊王国。因此，阿尔巴尼亚公国只剩下中部微不足道的一部分。1920年12月，它成为国际联盟的成员。这很荒谬。然而，协约国宣布这个"有自主权且独立"的国家是意大利王国的保护国。1925年，阿尔巴尼亚共和国成立，马蒂部落的酋长艾哈迈德·贝伊·索古成为共和国总统。这位新总统邀请意大利人协助其重建国家。我们可以从《法国—南斯拉夫王国友好条约》看出，意大利人已经准备好给予新总统帮助。

我们再次回到巴黎和会。巴黎和会戏剧化地解决了原来属于德国的殖民地问题。伍德罗·威尔逊"十四点原则"中的第五点是"根据严格的准则，巴黎和会必须平等对待所有殖民地和主权已经明确的政府的诉求。巴黎和会应当自由、开放、绝对公平地调节诸如主权和人民利益的诉求"。《凡尔赛和约》的第一百一十八条和第一百一十九条要求德国放弃其海外殖民地的所有权利。那么，德国应该将权力移交给谁呢？一方面，西方国家强烈反对"吞并"。另一方面，无论有无依据，大多数西方国家都坚信德国在非洲的殖民统治一直很糟糕。西方国家认为将殖民地重新交回德国手中等于侵害"相关人民"的利益。针对接管德国殖民地的难题，南非联邦的将军扬·史末

028

资建议使用"托管"的方式。通俗来讲，责任托管的制度是为了避免绝对占有。在英国的殖民地管理过程中，托管制度的确并不新鲜。托管制度当然有无效的时候，并且存在缺陷。反对托管制度的评论家自然针对托管制度的无效性和缺点大做文章。他们指出，托管制度只是再次证明英国的虚伪。然而，英国人认为自己可以自豪地援引外国人的证词证明英国的良好管理。1855年，蒙塔朗贝尔伯爵写道："英国统治印度的历史当然不可能没有污点……如果把一切考虑在内，即使考虑大量的邪恶因素，我们也能自豪地断言，历史上没有一个国家能做到这点。"之后，许多法国人反复提到他的这些话。1931年，杰出的德国教授威廉·迪贝柳斯写道："英国是世界上唯一一个做到以下几点的国家。英国的确关心自己的利益，但同样关心其他国家的利益。英国的爱国主义不会威胁和挑战世界其他国家。……英国虽然有非常自大的国家战略，但同时承诺维护全世界的秩序，并保证其进步和永久和平。"

因此，我们可以断言，托管制度是西方国家对英国的管理制度的更广泛应用。针对殖民地问题，《凡尔赛和约》的第二十二条写道："世界大战后，原本统治一些殖民地和地区的国家不再管理这些殖民地和地区。而居住在这些殖民地和地区的人们还没有能力在艰难的现代世界中独立。为了他们的幸福和发展，我们应当运用托管制度。托管制度能使这些人产生对文明的坚定信任。"《国际联盟盟约》提出了使托管制度发挥作用的最佳办法："发达国家应当监护这些人。……这些发达国家有能力履行职责并愿意接受这项任务。国际联盟委托这些发达国家实施监管。根据人民所处的发展阶段、地区的地理条件、地区的经济情况和其他相关情况，托管地各有不同。"后

来，托管地被分为A、B、C三个等级。国际联盟要求所有受托管地区做年度报告。美国拒绝接受任何托管任务。协约国直接将《凡尔赛和约》的草案呈递给德国代表。德国代表认为《凡尔赛和约》第一百一十九条与伍德罗·威尔逊的"第五点原则"矛盾，提出了抗议。国际联盟重申了决定，并继续将第一百一十九条包含在德国代表签名的正式条约里。

协约国对德国之前的所有殖民地实行托管，只有两个地方除外——一个是由法国全面管理和重建的"新喀麦隆"；另一个是临近莫桑比克的一小片地区，这片地区被称为"基翁加三角区"。该地区本属于葡萄牙王国，后被德国占领。1921年，"基翁加三角区"回归葡萄牙王国。

英国接管了奥斯曼帝国之前的土地——美索不达米亚和巴勒斯坦。法国接管了叙利亚。这三个地区属于A级托管地。托管将持续到这些托管地"有能力独立"为止。实际上只有一个地区后来实现了独立。1932年，英国认为自己已经完成在美索不达米亚的任务，因此结束了托管。伊拉克王国成了一个拥有独立主权的国家。被法国排斥的亚述基督徒因法国托管的终结而遭遇不幸。当亚述基督徒意图迁到叙利亚时，与伊拉克人产生了矛盾。英国努力减轻幸存的亚述基督徒的痛苦。1935年，国际联盟试图为他们在别处寻找避难所。尽管如此，解决幸存的亚述基督徒的处境问题依然困难重重。

英国还接受了对巴勒斯坦的托管任务。英国的目的是使1917年11月2日《贝尔福宣言》生效。英国计划"使巴勒斯坦的行政状况、管理状况和经济状况"能够确保建立"一个犹太人的国家"，能够发展成有自治能力的国家，并且能够在不考虑所有巴勒斯坦居民的种族和

宗教情况下保护他们的人身权和信仰权。

在巴勒斯坦，英国的托管工作一直进行得不顺利。在叙利亚，法国的任务也很艰巨。东非的卢旺达-布隆迪的一小片地区曾经是德国的殖民地之一。由于这片地区的迫切要求，1916年到1924年，比利时王国托管了该地区。英国托管了坦噶尼喀。英国和法国瓜分了非洲西海岸的多哥兰和喀麦隆。南非联邦托管非洲的西南部。除了最后一个托管地，上述托管地都属于B级托管地。德国在非洲西南部的殖民地和在太平洋拥有的所有岛屿都属于C级托管地。除了瑙鲁——英国政府得到了这个小岛，澳大利亚联邦和新西兰自治领得到了赤道以南的岛屿。日本帝国得到了赤道以北的岛屿。在巴黎和会上，比利·休斯强烈要求英国得到澳大拉西亚东北部岛屿的军事防御权，或者由英国完全管理这些岛屿。尽管比利·休斯提出恳求和抗议，并且托管制度禁止有色人种移民——被日本帝国强烈质疑——和征收特惠关税，但托管制度没有改变。这与《凡尔赛和约》多项条款有着本质不同。因为托管是对"文明的坚定信任"，所以任何托管国家都不允许从托管中获取利益。托管国家不能建设防御工事或军事基地；托管国家只能为维持治安、进行防御而雇用当地人，法国的西非托管地除外。根据A级和B级托管制度，托管国家不得在财政和商业方面歧视国际联盟的任何成员国。而C级托管制度没有上述规定，它更接近吞并。托管国家强烈要求在德国的非洲西南部殖民地使用C级托管制度。

托管制度的大概框架就是这样。随后，托管制度在巴黎生效。尽管有许多无理的批评，但不可否认的是，人们真诚地努力促使这一在当时看来公平又可持续的解决方案生效。和平调解者将这一解决方案提交给国际联盟理事会，但解决方案注定会带来很多麻烦。为了安抚

英国和法国愤怒的选民，协约国将战争罪责的条款加入《凡尔赛和约》。而战争罪责的条款和殖民地的解决方案确实伤害了德国的尊严。然而，关于《凡尔赛和约》中领土的解决方案，劳合·乔治可以自豪地称没有一个条约能解放如此多的民族，并使欧洲生活在异族的统治之下的人口只剩下6%。H.A.L.费希尔说："如果人民能生活在自己选择的政府的统治下是一件好事，那么在凡尔赛规划的欧洲地图就是欧洲有史以来最好的地图。"

　　劳合·乔治说的是事实。那么为什么即使有国际联盟这样经过精心策划的机构的协助，《凡尔赛和约》还是没能实现长久和平呢？《凡尔赛和约》为何无法确保长时间停战呢？接下来的内容将给出答案。

第 3 章 | CHAPTER Ⅲ

·动荡的欧洲

Unrestful Europe

布尔什维克

　　《凡尔赛和约》的制定者离开巴黎时，已经因繁重的工作而筋疲力尽。但他们有理由相信，整个世界将因他们而长久稳定。然而，经验应当教导他们不要抱太高的期望。战争是对人类生命和物质财富的纯粹损耗，而使用现代化武器的现代战争更是如此。拿破仑战争后，欧洲陷入长时间的混乱和萧条。因此，第一次世界大战后的欧洲的状况无论如何都只会更糟糕。1815年，英国实现了工业化。1918年，所有第一次世界大战的主要交战国都不同程度地跟随英国的步伐走上了工业化和城市化道路。与此同时，各国的贸易和经济发展也走上了国际化道路。因此，当一个国家受到打击时，这种打击一定会波及其他国家。作为战胜国之一的英国组织最严密，因此也最敏感，受到的打击最严重。第一次世界大战结束后，英国并未制订好重建计划。包括士兵和临时公务员在内的军队解散后，大批无业人员的出现使英国劳动力市场陷入混乱。英国的贸易和工业也无法立即进行自我调节，恢复至和平时期的状态。这再次让失业人数剧增。暂时的繁荣之后是长久的萧条。

此外，梅特涅左右欧洲时一个并不突出的现象使1919年欧洲所有国家的情况变得更加复杂。1919年，红色革命影响着欧洲各国的政治和社会秩序。

俄国革命的方式并非由它首创，而是参考了1789年法国大革命，只是速度更快。

在德国政府的协助下，列宁和追随他的共产主义者结束了在瑞士联邦的流亡，返回俄国。人们希望，他们的回归能打破俄国的政治格局。事实上，列宁和追随他的共产主义者确实给予了将要解体的旧秩序最后一击。列宁和同伴是受革命热情鼓舞的坚强能干的人。他们的规划是立即实现民主和平、土地属于农民、工厂属于工人、建立苏维埃共和国。这样的规划很有吸引力。俄国军队发生兵变，士兵们杀掉了自己的长官。随后，士兵们放下手中的武器，飞快地赶回家去守护革命承诺给自己的土地。

由于俄国革命的爆发，协约国对德国的作战遭受了沉重打击。1917年12月，苏俄决定休战。1918年3月3日，在布列斯特—立托夫斯克，苏俄与德国签订了屈辱的《布列斯特—立托夫斯克和约》。苏俄放弃了波罗的海边境、波兰、乌克兰及被土耳其人占领的所有领土的主权，还宣布放弃所有帝国主义野心。

苏俄有其他志向。它想要迫使帝国主义世界和资本主义世界接受从莫斯科传来的共产主义真理。1919年3月，在季诺维也夫的领导下，"第三国际"（又称"共产国际"）成立。季诺维也夫是列宁最亲密、最信任的下属之一，也是十月革命最活跃的顾问。第三国际公开宣布自己的目标是"加快实现世界革命"，实现目标的方式有不断宣传和建立广泛的地下组织。

　　然而，在第三国际有能力开始改革运动前，布尔什维克政权必须在俄国建立威信。1917年，布尔什维克突然攻击俄国临时政府，但俄国临时政府并不打算放弃权力。俄国临时政府并非完全没有外部力量的支持，但事实证明，它得到的支持与100多年前法兰西王国保王党获得的支持一样无效。埃德蒙·伯克主张干预法国大革命时说："欧洲中心的这种罪恶必须从中心消灭，否则周围的任何一部分都不能摆脱这种罪恶造成的伤害。"1918年，不少保守主义者想将埃德蒙·伯克的话用于苏俄。如果罪恶能在当时被"消灭"，那么苏俄会免遭不幸，整个欧洲也不会受尽屈辱。然而，苏俄人已做好革命准备。第一次世界大战向苏俄和世界揭示了上述事实。

　　1918年到1920年，布尔什维克不得不与白军[①]持续战斗。白军即使不是四线作战，也是三线作战，但没有真正规划好任何一条"战线"。白军试图打败布尔什维克而发起的反革命运动从波罗的海蔓延至符拉迪沃斯托克，从阿尔汉格尔斯克蔓延至黑海。整个反革命运动的过程都很混乱。丘吉尔敦促协约国坚定、持续地打击布尔什维克。但英国和法国为战争所累，而且两国有一批人特别同情布尔什维克。苏俄的农民不会为贵族和地主战斗，也不会跟贵族和地主站在同一战线。即便这样，布尔什维克面临的形势依然严峻。

　　苏俄三个地区出现了打击布尔什维克的反革命运动：南部的顿河流域、以阿尔汉格尔斯克和摩尔曼斯克为根据地的北部及西伯利亚。苏俄南部的哥萨克人丝毫不同情布尔什维克。1918年12月，英国

---

① 白军，被称为白卫军，是一个松散的反苏俄共产主义力量联盟，与苏俄红军作战。——译者注

军队2万人登陆巴统并占领了整个高加索地区。他们对布尔什维克主义传播到高加索山脉贯穿的省形成了强大的阻力。科尔尼洛夫将军一度组织了一支5000人的志愿军，以支持高加索地区的反布尔什维克运动。当时，法国军队轰炸并占领了敖德萨。然而，在反布尔什维克运动早期，科尔尼洛夫就被杀害了。之后，邓尼金将军接替科尔尼洛夫领导了苏俄南部反布尔什维克运动，高尔察克上将领导苏俄北部的反布尔什维克运动。大约8000名士兵——主要是英国人组成的协约国军队——在摩尔曼斯克登陆，并支援高尔察克上将。最终，高尔察克上将在鄂木斯克建立了白军政府，并把鄂木斯克定为首都。在远东，一支包括两个营的英国士兵及法国士兵、意大利王国士兵和日本帝国士兵的混合军队在符拉迪沃斯托克登陆。在布列斯特—立托夫斯克，苏俄释放了大约6万名捷克斯洛伐克人，但德国不欢迎这些捷克斯洛伐克人。于是，这些捷克斯洛伐克人也加入了这支混合军队。符拉迪沃斯托克的英国军队由约翰逊上校与约翰·沃德上校指挥。约翰·沃德是特伦特斯托克坚定的工党议员。

由于组织松散，反布尔什维克革命的力量被削弱，并且未能得到协约国的全力支持。托洛茨基组织的纪律严明、装备精良的苏俄红军彻底摧毁了反革命运动。1919年12月，"白色"政府的首都鄂木斯克沦陷。高尔察克上将被捕，并于1920年2月被枪决。这实际上标志着反布尔什维克运动尝试的结束。英国和法国的社会党人更加没有兴趣干涉苏俄。

波 兰

　　1920年，波兰军队首先入侵苏俄。波兰人两次拒绝布尔什维克提出的条件。之后，布尔什维克军队在混乱中击退了波兰军队。然后，布尔什维克军队开始入侵波兰。波兰军队急忙撤退。布尔什维克军队进入华沙郊区。眼看华沙马上就要沦陷，绝望的波兰人请求西方国家支援。然而，欧洲各国已经全面开展"不插手苏俄"运动，而且当时右翼在欧洲各国当权。结果，在最后的关键时刻，"维斯瓦河的奇迹"[①]及英国军队和法国军队救了波兰共和国。埃德加·文森特和马克西姆·魏刚将军分别指挥英国军队和法国军队。马克西姆·魏刚将军曾在斐迪南·福煦将军手下担任总参谋长。1920年，即使没有"不插手苏俄"运动的干扰，英国和法国派遣一支远征军前往波兰也和1939年一样困难。1920年，在斯帕会议上，劳合·乔治和亚历山大·米勒兰决定给困境中的波兰人以"人道和技术"支持。英国和法国向华沙派遣了一支混合了文职人员和士兵的军队。在马克西姆·魏

---

① 维斯瓦河的奇迹，又称"华沙战役"。华沙战役发生于1920年8月12日至25日。波兰军队在失败的边缘奇迹般地击败了苏俄军队。——译者注

刚将军的大力协助下，在华沙，英法联军击退了布尔什维克军队。布尔什维克军队被迫离开华沙。在里加，波兰元帅约瑟夫·毕苏斯基强迫布尔什维克签订了和约。1921年3月的"里加的悲剧"[1]也扩大了《凡尔赛和约》划给波兰共和国的领土。波兰共和国收复了1793年失去的领土。

毕苏斯基不仅把波兰共和国从与苏俄的战争中解救出来，还将它从国内的麻烦中解救出来。像其他独裁者一样，在政治生涯的开端，他是一位社会主义革命者。然而，他很现实。他认识到，波兰1921年通过的极度民主的宪法不适合一个几乎没有自治经验的民族。1921年，他辞去国家元首的职务，并于1923年交出军权。但由于之后波兰共和国陷入混乱，1925年，爱国者请求已经退休的毕苏斯基出山，以便收拾混乱的局面。通过发动政变，毕苏斯基建立了真正的独裁统治。直到1935年5月12日去世，他一直掌握波兰共和国的政权。毕苏斯基没有废除议会的立法机制，但与克伦威尔一样，他废除了议会对行政机构的一切控制权，并加强了对军权的控制。

如果约瑟夫·毕苏斯基能再活5年，他可能会扭转波兰共和国的悲剧命运，甚至可能会使欧洲避免陷入灾难性的战争中。1919年，在原来国家的基础上，毕苏斯基建立了一个更坚不可摧的波兰。波兰人经历了超过一个世纪的巨大磨难，尽管经历了灭国之痛，但仍在复兴国家的希望中生存了下来。波兰人还保留了完整的民族认同感和民族意识。

---

① 指1921年3月18日，波兰共和国、苏俄和苏维埃乌克兰在里加签署《里加和约》。该条约结束了苏俄和波兰的战争。——译者注

德国革命

　　1918年11月3日，基尔的水兵发动起义。社会主义革命蔓延至汉堡、不来梅和吕贝克，之后蔓延至鲁尔、汉诺威、柏林及其他内陆城市。在革命蔓延到的所有地方，革命者效仿苏维埃快速组织工人和士兵委员会。1918年11月7日，一个共和国在慕尼黑宣布成立。　马克西米利安·冯·巴登是德意志帝国最后一位首相，1918年11月9日，在柏林，他被迫将政府移交给弗里德里希·艾伯特。艾伯特是一个马具商，很有能力和勇气，领导着社会民主人士和多数社会主义者。菲利普·谢德曼是裁缝，古斯塔夫·诺斯克本是木匠。在这3个人的支持和领导下，一支志愿军在柏林进行了一个星期的战斗，最终击溃了德国共产党和斯巴达克同盟[①]，并逮捕了两位德国共产党的领袖——卡尔·李卜克内西和罗莎·卢森堡。在被送往监狱的途中，两人被处死。

①　斯巴达克同盟，又称"斯巴达克派"，以古罗马起义领袖斯巴达克的名字命名。在第一次世界大战期间，它在德国组织了一场革命运动。——译者注

在斯巴达克斯党战败一周后，德国全民选举产生了立宪会议。1919年2月16日，立宪会议选举艾伯特为魏玛共和国总统，并宣布联合政府成立。魏玛共和国政府的成员主要来自左翼政党。古斯塔夫·诺斯克担任国防部部长，并勇敢地完成了自己的工作。鲁尔、威斯特伐利亚和柏林爆发了大规模的罢工。1919年4月，巴伐利亚苏维埃共和国在慕尼黑建立，但不久就被推翻。直到1919年夏，魏玛共和国的政权才变得稳固。

匈牙利

在匈牙利王国，共产主义者为自己找到了一片更有前景的土地。匈牙利王国社会学家亚西·奥斯卡写道："欧洲可能没有一个地方像匈牙利王国一样为布尔什维克主义的传播提供了有利土壤。而库恩·贝拉和同伴用真正苏俄的方式最大限度地开发了匈牙利王国的潜力。"贝拉是特兰西瓦尼亚的犹太人，曾在奥匈帝国军队服役。之后，他带着不光彩的记录离开了军队。1918年11月，贝拉离开苏俄，回到匈牙利王国。这时，第三国际将在匈牙利组织布尔什维克革命的任务交给了他。然而，1919年2月，贝拉和46名同伴被俘入狱。1919年3月，他成为匈牙利苏维埃共和国的领导人。

在匈牙利王国发动布尔什维克革命的时机已经成熟。在布达佩斯，彼得格勒和莫斯科的革命采用的所有成功方法都被效仿。库恩·贝拉还进行了改进。他集结了一支"红军"，要将捷克斯洛伐克和罗马尼亚的侵略者赶出千疮百孔的匈牙利。巴黎的和平调解者对这样的状况担忧不已。因此，1919年4月，协约国派扬·史末资将军到布达佩斯去制止冲突。亨利·威尔逊在日记中评论道："真是一件古

怪的事。一个威尔士人派一个荷兰人告诉匈牙利人不要去打罗马尼亚人。"扬·史末资将军未能完成任务。罗马尼亚军队彻底打败了库恩·贝拉的"红军"。库恩·贝拉逃离了匈牙利。1919年8月，罗马尼亚军队占领了布达佩斯。

罗马尼亚的"强盗"将匈牙利掠夺一空，直到1919年11月才执行巴黎的命令，撤出了匈牙利。

与此同时，在卡罗伊·米哈伊和霍尔蒂·米克洛什的领导下，一个反布尔什维克革命的政府成立了。在做奥匈帝国海军司令时，霍尔蒂·米克洛什就已经享有盛誉。1920年，在立宪会议上，他成为匈牙利王国摄政王，并正式宣布匈牙利王国为君主立宪制国家。在拜特伦·伊什特万[1]的帮助下，霍尔蒂·米克洛什逐渐重建了已残缺不全、遭受重创的王国的秩序。他还使匈牙利王国的经济逐步恢复了繁荣。然而，匈牙利国王的位置是空缺的。卡尔大公[2]两次[3]试图重新夺回政权。迫于协约国的压力——1920年6月，匈牙利王国与协约国签订了《特里亚农条约》，匈牙利王国议会废除了哈布斯堡王室的权力，还恢复了匈牙利人自由选举国王的权利。但人们对霍尔蒂·米克洛什的统治很满意，并不打算使用选举权。卡尔大公第二次复辟失败后，协约国将他放逐到葡萄牙王国的马德拉岛。不久，卡尔大公在马德拉岛去世。

---

① 1921年至1931年担任匈牙利王国首相。——原注
② 卡尔大公（1887—1922），奥匈帝国的末代皇帝，史称"卡尔一世"。——译者注
③ 1921年3月和1921年10月。——原注

意大利

第三国际在意大利王国的活动一定程度上影响了法西斯独裁统治的建立。法西斯主义代表的不只是反对布尔什维克主义，在1871年意大利军队进入罗马^①后，法西斯的力量空前强大。意大利人不满社会、经济和政治状况，厌恶议会的无能和腐败。他们对统一的结果非常失望，同时因意大利王国未能成功建立殖民地而倍感屈辱。所有这些因素使意大利王国一直动荡不安。第一次世界大战更是加剧了意大利王国的动荡。在战争中，大量意大利人丧生。因为战争，意大利王国花费了大量金钱。因此，意大利人认为《凡尔赛和约》条款规定给予的补偿不足以弥补自己的损失。奸商从战争中牟利，而士兵在战争中遭受苦难。面对这种矛盾，公正的工人阶级很愤怒。上述因素将布尔什维克主义的种子播撒在了这片适宜生长的土壤中。

为了阻止布尔什维克主义的传播，1919年3月，墨索里尼在米兰

---

① 这标志着意大利统一的完成。——译者注

建立了"战斗者法西斯"（Fasci de Combattimento）。邮政业、电报业、其他公共服务行业的工人及铁路工人频繁罢工。1920年9月，手工业工人控制了超过800个工厂，还宣布已占有工厂的生产线和生产线上产出的商品。布尔什维克号召农民拒绝交租，并从大片土地上分出属于自己的土地，还号召农民公开宣布"无产阶级专政"。工业家和地主向意大利王国政府求助，但最终没有得到任何回应。此时，法西斯主义者和布尔什维克之间冲突不断。当墨索里尼和37位同伴返回到议会时，1921年的大选展现了日益强大的反布尔什维克运动的力量。墨索里尼和同伴组成了一个特征鲜明的政党。该政党宣称要清除旧的政党和政权中的腐败力量。

然而，法西斯主义者在工业方面遇到了第一个挑战。1922年8月1日，工人宣布罢工。法西斯主义者迅速集结，他们在米兰承担消防员、电工、交通运输工人和其他重要工业领域工人的工作。在其他城镇，法西斯主义者接手整个市政管理工作。这次大罢工很快失败了。罢工实际上只持续了24个小时。1922年8月4日，法西斯主义者完全恢复了意大利王国的秩序。

最终，法西斯组织破坏了这次大罢工。1922年9月，墨索里尼宣称自己是君主立宪制的支持者。随后，他被意大利人誉为人间的救世主。墨索里尼从各阶层招募大量人才并纳入麾下。1922年10月，4万名法西斯主义者游行穿过那不勒斯的街道。1922年10月28日，法西斯主义者向罗马进军，并且未遭到抵抗。

意大利国王维托里奥·埃马努埃莱三世曾拒绝宣布戒严令，但他

---

① 又称"法西斯战斗团"，1921年改组为国家法西斯党。——译者注

维托里奥·埃马努埃莱三世

埃多阿尔多·乔亚（Edoardo Gioja，1862—1937）绘

后来邀请墨索里尼组建内阁。墨索里尼组成了一个无党派的内阁。之后，他进行了一系列紧急改革。1922年12月，法西斯军队被解散。通过一场几乎没有使用暴力的革命，一位弗利铁匠的儿子在君主世袭制的意大利王国成了独裁者。

奥地利

　　没有一个欧洲国家能完全不受布尔什维克主义的影响，只是一些国家受到的影响较小，奥地利共和国就是其中之一。

　　伊格纳茨·赛佩尔是基督教社会党的领袖。他两次担任奥地利总理[①]。赛佩尔提醒奥地利共和国的当权者，如果放任人民处于饥饿之中而不顾，那么奥地利共和国会出现莫斯科布尔什维克那样的革命。为了恢复国家秩序，奥地利共和国向国际联盟借贷。这证明奥地利共和国的确没有忽视赛佩尔的提醒。

---

① 　1922年到1924年和1925年到1929年。——原注

保加利亚

1923年9月，保加利亚人曾试图建立苏维埃共和国。尽管大批农民支持这次尝试，但革命最终被镇压。

1925年，这种尝试卷土重来，但最终被血腥镇压。

法 国

　　1848年2月，法国的共产主义运动达到高潮。"第一个圈起一块地并想起来说'这是我的'的人是现代社会真正的奠基者。如果有个人拔出篱笆的木桩并向同伴大喊'不要听这个骗子的话！土地不属于任何人，而土地上的果实属于所有人'，那么罪恶、苦难和恐惧可能就不会降临到人类身上。"在法国大革命宣布的"人类的权利"中，财产所有权是"人类有权享有并处置自己的物品、收入及劳动和工作的成果"[1]。在恐怖的混乱中，虽然人们暂时忘记了上述原则的合理性，但狂热很快过去了，人们又记起了它们。

　　1815年，法兰西王国重建后和工业革命初期，共产主义复苏了。我们更应称昂利·德·圣西门[2]是一个基督教社会主义者。1832年，夏尔·傅立叶在法兰西王国小范围做了一个共产主义的实验。后来，世

---

[1] 保罗·珍妮特所著《当代社会主义的起源》。——原注

[2] 昂利·德·圣西门（1760—1825），法国政治家、经济学家、社会主义理论家和商人。——译者注

界上许多地方都模仿这一实验。从1840年到1846年，美国建立了至少16个"傅立叶公社"。尽管在纳撒尼尔·霍桑的领导下，布鲁克农场避免了被人们遗忘的"悲剧"，但傅立叶实验没有一个持续到1855年。 罗伯特·欧文和同伴在英国建立的公社同样短命。

不同于1789年的法国大革命，1848年的法兰西革命确实受到了共产主义的影响。革命的倡导者是路易·勃朗。革命的"圣经"是路易·勃朗1839年撰写的《劳动组织》。然而，1848年，在巴黎建立的"国家工场"失败了，并留下了惨痛的"后遗症"。1848年6月，16 000人被杀或受伤[①]。不可否认的是，1848年6月的事件导致了1851年的政变、"十二月党人"的成功和法兰西第二帝国的建立。

当时，共产主义虽然没有获得实质上的成功，但马克思主义为法兰西工人带来了许多转变。马克思主义还为农民带来了一些更明显的变化。乔治·索雷尔是工团主义[②]的领袖，他为法国社会作出了更大的贡献。

法国是现代共产主义和工团主义的诞生地，但法国的经济结构、社会结构筑起的强大壁垒使这两种主义难以获得成功。法国是一个小经营者聚集的国家。法国人大都非常节俭。总体上说，法国的工业化程度远低于英国。法国人以手工业者为主，自给自足，并且没有"管理者"。与英国相比，法国的工厂规模相对较小。法国工厂

---

① 1848年6月22日到26日，工人发动六月起义。法兰西共和国国民警卫队奉命镇压叛乱。在镇压的过程中，1万多人被杀，4000名起义者被流放到阿尔及利亚。——译者注

② 工团主义是20世纪初最活跃的劳工运动中的激进思潮。其主要思想是建立以工人为基础的地方组织，并鼓励工人通过罢工提出要求和索要权利。——译者注

的工会力量相对较弱。在法国8 591 000名农民中，大约500万人拥有自己的土地。

在第一次世界大战即将爆发之际，劳工联合总会总书记让·饶勒斯公开宣布建立神圣联盟[①]。第一次世界大战期间，他一直观察布尔什维克革命在俄国的成功对法国产生的影响。然而，当法国政府在克里孟梭的领导下更倾向于与工党和解时，工团主义者更加质疑起法国政府管理整个国家的能力。1919年11月，国家集团[②]在大选中成立。1920年9月，米勒兰战胜克里孟梭成为法国总理，很快他又成为法国总统。1913年，普恩加莱这样写道："法国总统管理但不统治……他不单独行使任何权力。"然而，成为总统的米勒兰惧怕这项规定。因此，他提出自己即使不能真正行使总统的所有权力，至少能积极地参与外交。然而，在白里安[③]和普恩加莱[④]担任法国总理期间，米勒兰不得不应对这两个有掌控力的人物。1924年，右翼联盟让位给左翼联盟。此时，对野心勃勃的总统米勒兰来说，情况更加糟糕。新总理爱德华·赫里欧强迫米勒兰辞去总统职务。加斯东·杜梅格接替米勒兰成为总统。

共产主义者尽管没有进入左翼国会，但明显影响了工业领域。1920年，法国发生了多次罢工。这些罢工影响了铁路工人、煤矿工人、码头工人、海员和其他工业领域的工人。政治"休战"以后，法国通过

---

① 神圣联盟是第一次世界大战期间在法国出现的组织。其中的左翼政党同意不反对政府，不号召罢工。——译者注
② 国家集团是法国右翼各党派组成的两个松散联盟的名称。——译者注
③ 1921年1月到1922年1月担任法国总理。——原注
④ 1922年到1924年担任法国总理。——原注

白里安
马克尔·巴斯切特（Marcel Baschet，1862—1941）绘

了许多有利于人民的法律，这必须归功于共产主义者。这些法律包括
8小时工作制、假期、女工人最低薪酬和英国人熟悉的生产线上的标
准。与此同时，法国的货币体系陷入越来越严重的混乱。在1924年
到1926年左翼政党联盟两年的统治中，不少于7位财政部部长都尝试
使货币体系恢复正常，但没能成功，其中包括约瑟夫·卡约。事实
上，他让法国遭受了损失。但由于他的财政能力，法国人才宽恕了

他。法郎对英镑的汇率降到了240。普恩加莱担任总理前的"鲁尔政策"[①]失败了。然而，1926年，法国政府邀请普恩加莱回到政府以拯救法国。通过使用强有力的财政补救措施，普恩加莱确实成功地将法郎对英镑的汇率稳定在了140.21。但左翼政党联盟丝毫不感激普恩加莱。1928年11月，左翼政党联盟从国际联盟撤回了代表，其中包括爱德华·赫里欧。尽管国会给普恩加莱重组的内阁投了绝对信任票，但1929年7月，普恩加莱因身体状况糟糕而辞职，他之后的多届政府都相对温和。白里安任职于之后的每届政府，直到1932年去世。

　　第一次世界大战结束后，法国共产主义者并非法国政界的"强大力量"，但与英国相比，尤其在组织工党上，法国共产主义者有更强的促进作用。

---

① 鲁尔政策：普恩加莱主张法国于1923年出兵鲁尔，意图迫使德国向法国支付赔款，但最终未能成功。他也因此在1924年的议会选举中落选。——译者注

第 4 章 | CHAPTER Ⅳ

- 动荡的英国
- 工人与国家
- 联合政府

Unrestful Britain

Labour and the State

The Coalition Government

1918 年至 1922 年的英国

　　第一次世界大战后，英国也不安宁。从诸多方面来看，英国的情况确实没有法国严重。无情的敌人故意毁坏英国的煤矿和工厂，给英国造成了巨大的损失。英国不得不重建被毁的煤矿和工厂。英国投入大量资金兴建大型建筑，却未考虑修复人们被毁的住宅。在战争中，英国有70万名居民的住宅被毁。英国重建了贫民区，还提供了许多"适合英雄居住"的房子。这些房子租金不菲。德国故意拖欠赔款，使法国无法筹集战后重建的巨额资金。因此，法国和比利时军队占领了鲁尔区，目的是迫使德国支付赔款。英国也不用像法国一样为了迫使德国支付巨额赔款而被迫做出占领鲁尔区的权宜之计。

　　英国的巨大努力换来了第一次世界大战的胜利。英国期待战后的休养生息。但在休养生息阶段，英国表现得很糟糕。在停战后短时间内，纸醉金迷和嘈杂的寻欢作乐的氛围影响着英国的休养生息进程。休养生息计划被扰乱，整个国家迟迟未能恢复正常。无论在何时，身体上的高强度活动和精神上的放松都容易产生反作用。清教徒革命和拿破仑战争都是很好的例子。过度的紧张后，就是懒散和浮

躁。因为之前大多数英国人都感受到了紧张，所以在1918年到1919年，英国人普遍很懒散而又焦躁不安。

有人已经预见了这种情况。1919年7月3日，劳合·乔治对下议院恳求："让我们为了胜利而欢呼。但我们欢呼时，不要产生所有麻烦都已结束的错觉……我们将要花巨大的精力去弥补战争造成的损失。可怕的战争耗尽了每一块土地的生机和活力。某种程度上，人们还没有意识到这一点。各国的每一根血管都在流血。我们今天在每一处感到的不安都是'贫血引发的高烧症状'，让我们一起思考，一起行动，一起努力工作。 我恳求英国人民依然坚持爱国主义精神。"

"贫血引发的高烧症状"的诊断非常准确。战后几年，英国一直动荡不安。牟取暴利者用粗俗炫耀的方式挥霍肮脏的所得。很多英国人经常以做小生意为由花掉战争津贴，但小生意大都失败。在每一次短暂的享乐中，人们鲁莽地花掉退职金。"贫血引发的高烧症状"的一种表现是人们挥霍和浪费，另一种表现是人们没有耐心。

退职金和战争津贴的延迟发放引起了英国人的不满。这种不满虽然不理智，但可以理解。他们还不理智地抱怨解散军队的进程缓慢。雇主、父母和妻子都自然而然地迫切渴望男性劳动力、儿子和丈夫，而且无比希望男人们尽快退伍。在签订《凡尔赛和约》后的6个月内，英国政府解散了大约400万名士兵。事实上，这是一项成就，反映了所有相关部门都有极高的信誉。

优惠券选举和联合议会

　　1910年组建的议会一再延期。1918年11月，议会宣布解散。1918年12月，英国举行大选。反对党派强烈抗议英国在停战后国内气氛热烈的几个月内举行选举，并公开谴责这种决定是首相乔治的政治把戏，谴责他是急于从过度兴奋的选民中巧取胜利。乔治要于1919年1月离开英国参加巴黎和会，因此迫切地想知道自己是否有资格在巴黎代表英国发言。但英国还没有机会通过他首相的任命，更没有机会支持他的政策。

　　1918年的改革法案扩大了选民范围。在当时注册在册的1291.9万名男性中，许多人从没行使过选举权，而8 856 493名女性仅知道自己有选举权。这还不是全部。联合政府在第一次世界大战中表现出色，"一直是英国的秘密力量"。乔治担心在和平还未到来和战后问题尚未解决前，联合政府就倒台了。因此，他下定决心在新的大选中寻求连任。工党正式拒绝支持联合政府。自由党中一部分人与H.H.阿

斯奎思[1]关系密切，他们也拒绝支持联合政府。然而，所有准备好支持联合政府的候选人都从乔治和保守党领导人博纳·劳那里得到了"优惠券"，从而向选民推荐他们。

1918年12月，英国举行大选。虽然一位自由党的宣传人员污蔑大选是一场"沙文主义的狂欢"，但联合政府依然取得了绝对性胜利。保守党得到了近400个席位，占据绝对优势。136位自由党人支持联合政府。工党失去了大多数持有和平主义观点的社会主义者的支持——包括麦克唐纳和菲利普·斯诺登。工党赢得了60个席位，而阿斯奎思的自由党只剩下大约30个席位。没有一位自由党领导人进入内阁。阿斯奎思及追随他的重要官员都失去了席位。

在乔治看来，新的下议院似乎是一个"奇怪的东西"。他说："新的下议院与我了解的其他各届下议院不同。面对前面的人讲话时，我感觉是在对工会联盟[2]讲话；转身时，我感觉仿佛在对商业部讲话。"但直到《凡尔赛和约》的签订工作结束，乔治才认清自己并不了解下议院——由博纳·劳领导，但最重的担子落在了财政大臣奥斯丁·张伯伦[3]肩上。

战争结束后，奥斯丁·张伯伦继续征收战争税。对此，英国人非常不满。为了减轻或转移负担，他开玩笑说，即使政府不对所有资本征税，至少要对"战争财富"增加征税。即使张伯伦并非向所有资

---

① H.H. 阿斯奎思，1908年到1916年任英国首相。1914年8月，领导英国加入第一次世界大战。1915年，政府由于缺少弹药和战役的失败而遭到抨击。1916年，被迫辞职，之后再未能掌权。——译者注

② 工会联盟既是英国全国性的工会中心，也是英格兰和威尔士的工会联合会，有48个附属工会和大约550万会员。——译者注

③ 内维尔·张伯伦的弟弟。——译者注

H.H. 阿斯奎思

安德烈·克吕塞纳尔（André Cluysenaar，1872—1932）绘

本征税，社会主义者也发出了刺耳的批评声。他们要求用"征集财富"的方式"抵消征兵"。议会则坚决反对这个提议。1919 年，张伯伦将这个提议描述为"危险的实验"。因此，他放弃了强制征收战争税的想法。强制征收战争税的想法仿佛是一个严肃的玩笑。

　　对资本进行财政处罚的要求只是工党战后规划中的一项内容。战后规划的主要内容是将英国所有工业"国有化"。工党先从当时国家控制经营的铁路和煤矿开始国有化。然而，工人总是发动

暴乱。1919年到1920年，英国出现了至少3000起商业纠纷。工会在1919年发布的备忘录中坦承，这些纠纷的起因不是工人常见的对薪酬、工作时间和工作环境等问题的不满，而是工人挑战整个资本主义工业现存结构的决心。

新联合政府已开始投入工作。1919年的《工业法院法案》设立了永久仲裁法庭。案件由仲裁法庭的第一位主席威廉·麦肯齐处理。设立法庭的目的是提供一个解决分歧的方法。这个方法是迄今为止最理智、最方便的方法。惠特利委员会[①]的成立更加具有建设性意义。它为每个重要行业提供了代表工人的第三方组织。这些联合工业委员会、联合地区委员会和工作委员会为所有与工业发展有关的问题提供建议。在工业问题的讨论和解决中，它们赋予工人更明确、更大的权利。到1921年，一共成立了超过70个委员会，这些工厂所雇用的工人总数近400万。

---

① 惠特利委员会又名"联合工业委员会"或"全国联合工业委员会"，是雇主和工会的法定委员会。——译者注

工人罢工

　　上述善意的权宜之计没能给英国的工业发展带来安宁。工业领域的矛盾根源实在太复杂了。自1911年以来，大多数被雇用的劳动者，特别是铁路工人和矿工，有了新想法。1911年8月，英国的铁路工人宣布开始罢工。尽管罢工持续的时间短，但因两个重要特点，人们记住了这次罢工：三大铁路联盟第一次一起行动，并且在他们的雇主面前结成了统一战线；重要工业行业的工人第一次谋划的大罢工与国际危机[①]同时发生，致使政府无法解决问题。

　　1911年，铁路工人罢工使英国交通停滞。从1912年2月28日到1912年4月11日，煤矿行业的大罢工使英国的工业生活陷入混乱。南威尔士的一个非官方改革委员会发行的小册子《矿工的下一步》宣传了激励罢工者的新精神。它详述了实现工团主义、淘汰雇主，以及整个工业为了工人利益而继续发展的过程。此外，针对战后罢工所遵循

---

① 1911年，第二次摩洛哥危机爆发。法国和德国都以保护侨民为由试图占领摩洛哥，而英国认为德国军舰停泊在阿加迪尔是对英国海上霸权的威胁。——译者注

的确切程序，这本小册子给出了非常合理的预期。它指出，罢工的目的不再是使工业国有化，即国家控制工业，也不再是煤矿和铁路为人民服务，而应是将这些关键工业的所有权和控制权归属于工厂里被雇用的工人。简单地说，罢工是为了实现工团主义。

1919年春，当巴黎和会正进行时，英国国内的情况变得非常糟糕。国内和国外的英国军队都出现了变乱。大城市的警察向政府提出多项要求，其中一项要求是政府承认他们的"联盟"。政府坚决拒绝这项要求，从而使大城市的警察非常不满。一个更严重的威胁来自由矿工、铁路工人和运输工人组成的"三角联盟"。1913年，"三角联盟"最终同意谈判，并于1919年1月重新开始活动。从这时开始，在持续不断的骚乱和1926年的大罢工中，"三角联盟"都扮演着领导者的角色。

1919年1月，英国政府成立煤矿工业皇家委员会，指定约翰·桑基[①]担任煤矿工业皇家委员会的主席。在皇家委员会临时报告的主张下，英国政府增加了矿工的工资，并缩短了矿工的工作时间。然而，英国政府的让步换来的稳定并没有持续太久。1920年、1921年和1925年，英国发生了更严重的工人罢工。

1919年3月，英国政府以每年多支出1000万英镑的代价换来铁路工人罢工的结束。然而，稳定只持续了6个月。之后，铁路工人向英国政府提出了更高的要求。1919年9月29日，由于英国政府没有立即让步，铁路工人宣布开始罢工。英国政府利用汽车、卡车和飞机等交

---

① 约翰·桑基（John Sankey，1866—1948），英国著名律师、法官、工党政治家，曾任英国大法官，因在上议院的多项里程碑式判决而闻名。1940年，他主导起草的《桑基人权宣言》成为国际人权法发展史上的重要文献。——译者注

通工具，解决了罢工造成的交通瘫痪。1919年10月5日，英国政府终于和铁路工人达成了协议。一周的罢工运动使英国损失了5000万英镑。同矿工一样，铁路工人罢工不是为反对个人资本家或者雇主，而是为反对国家拥有铁路的所有权。

三角联盟

罗伯特·斯迈利是一位苏格兰矿工。1920年，他领导了矿工罢工。1923年到1929年，在议会他代表莫珀斯选区。

1920年，波兰共和国与苏俄开战。爱尔兰爆发内战。某些爱尔兰的铁路工人拒绝运送装有供爱尔兰士兵或警察使用的军火的箱子。一些英国铁路工人同样拒绝运送地址是"战争补给部"的包裹。由于害怕政府撤回约束人们行为的指令，英国工会向全国铁路工人联合会抱怨那些反抗的工人正在阻碍铁路公司"履行其法律义务"。虽然这次特殊事件的处理结果令人满意，但它产生的不良影响无法遮盖。全国铁路工人联合会的总书记 J.H. 托马斯试图与英国政府协商。他带领全国铁路工人联合会代表团与劳合·乔治见了面。J.H. 托马斯直率地说："承认支持爱尔兰的铁路工人意味着向政府宣战。"劳合·乔治立即有力地反驳道："这不是向政府宣战，而是向政体宣战，这更严重。"这确实是事实。英国仍是议会民主制国家，还是变成了苏维埃共和国？英国政府是否应该容忍代表部分工人利益的"直接罢工行为"？是议会治理国家，还是矿工、铁路工人和运输工人组成的三角联盟制定国策？

煤 矿

　　综合所有事件，我们可以得出一个结论：英国面临革命。然而，英国政府和更加深思熟虑的工党领导人都不希望事情走向极端。在议会极不情愿的支持下，在1920年的《矿业法案》中，英国政府做出了最后让步。矿工接受所有立法改进，但只是为了强调威廉·斯特雷克代表矿工利益向桑基委员会[①]提供的主张的重要性。斯特雷克说："现在矿工不仅要求国有化，还要求联合控制矿业。"他讲出了事实。矿工现在不再要求实现国家社会主义，而是要实现工团主义。反应迟缓的英国政府终于认识到代价巨大的让步没有起到任何效果。1920年10月，议会通过了一项法令，对"紧急情况下"如何保护煤矿行业做出了特殊规定。1921年3月31日，当英国政府无法控制煤矿工人时，这项作为战争措施的法令立刻发挥了作用。英国政府将要和矿工正面对峙。1921年4月1日，矿业全面停止工作。1921年4月8日，英国政府宣布国家进入"紧急状态"。在议会上，劳合·乔

[①] 桑基委员会由《1919年煤矿工业委员会法案》设立。《1919年煤矿工业委员会法案》是英国议会的一项法案。桑基委员会由约翰·桑基领导。——译者注

治称："有人用摧毁国家资源的方式逼迫国家投降。在历史上，国家第一次面临这样的挑战。"英国政府号召志愿者为国家提供必需的服务，并召集志愿者组成皇家预备队。三角联盟威胁要于1921年4月15日举行大罢工以支持矿工，这让形势更复杂。1921年4月14日，在下议院会议室，英国政府召开了两个重要会议。煤矿矿主和矿工依次参加会议。会议给予煤矿矿主和矿工选出的代表在议员面前陈述各自观点的机会。无人知晓会议在多大程度上影响了三角联盟领导者的决定。但无论如何，1921年4月15日，在最后的关键时刻，"令人同情"的罢工宣布结束。三角联盟解散。然而，矿工没有停止罢工。1921年6月底，英国政府承诺再给矿业1000万英镑的补贴。此时，罢工才结束。英国政府因这次罢工损失了大约2.5亿英镑。与罢工造成的损失相比，英国支付的"丹麦金"[①]只是一笔小数目。

---

① 丹麦金又叫"丹麦税"，最初是英格兰为应对维京人（主要为丹麦人和挪威人）的劫掠以换取和平而缴纳的赎金，后逐渐演变为常规财政工具。——译者注

铁 路

    英国还为铁路运输业的发展投入了巨额资金。1921年8月，铁路解除管制。英国政府补偿铁路行业5100万英镑。这笔钱并非铁路工人的薪酬补贴。在第一次世界大战期间，铁路为国家提供服务，而战争难免使铁路遭受损失。英国政府用这笔钱补偿铁路的损失。解除管制与英国政府对铁路管理的改变同时发生。与许多战后设立的法案一样，1921年通过的《铁路法案》是国有化企业和私营企业之间的妥协。英国政府将至少93家铁路公司合并为4个大集团，并成立了铁路运价审裁处——一个准司法性的机构，以裁定铁路和其顾客之间存在争议的问题。英国政府还设立了一系列委员会，并最终成立了一个全国工资委员会，以裁定工资问题。《铁路法案》虽然解决了铁路效率问题和劳工问题，但由于铁路行业已经严重受损并极度萧条，所以没能恢复铁路行业的繁荣。1940年，人们普遍意识到铁路行业的发展状况对英国的重要性。

农　业

对英国来说，农业繁荣发展与煤炭产量增加、运输系统高效运转同样重要。由于英国政府于1921年废除了其在第一次世界大战期间通过的《棉花生产法案》，又一个重要的产业不再由政府控制和补贴。4年来，农业工薪委员会保证了农民拥有一部分财富，然而，这个委员会后来被解散了。1924年，工党领导的政府重新设立了农业工薪委员会。

保守党的反对

上述措施显示了1918年到1922年议会和劳合·乔治政府的困境。组成联合政府的许多保守党人发现，越来越难使自己在部门游说中获得的投票与原则保持一致。由于半社会主义立法和管理——不限于煤矿和交通领域，联合政府疏远了许多支持者。

贸易和农业的持续萧条引发了广泛的恐慌。英国的失业率在第一次世界大战期间降到了零。1920年秋，英国的失业率开始上升。1921年5月，失业人数超过250万。

外交上的成功未能改变英国经济的萧条状况。劳合·乔治参加了一个又一个会议。这些会议有一半在欧洲度假胜地举行。他没能"使德国支付战争赔款"，也没能说服任何国家跟随英国的裁军步伐。此外，他过于积极参与希腊王国的内政。1921年9月，希腊王国差点儿因此陷入另一场战争。尽管查纳克事件[①]导致保守党开始反对劳合·乔治，但其实保守党早已对他有诸多不满。国内的半社会主义管

---

① 查纳克事件又叫"查纳克危机"，是1922年9月英国和奥斯曼帝国之间出现的战争危机。——译者注

理是保守党反对劳合·乔治领导的主要原因。"丹麦金"没能买来英国的和平，英国政府最终向爱尔兰造反势力投降。

因为大选在即，许多保守党成员决心直接以保守党成员身份而非联合政府成员的身份寻求连任，这遭到保守党领导者的反对。1921年10月19日，下议院在卡尔顿俱乐部举行会议。下议院大部分保守党成员同意退出联合政府。劳合·乔治立即辞职。除了乔治·寇松和鲍德温，劳合·乔治内阁的其他同事都随之"陷入迷茫"。博纳·劳立即组建了一个纯粹的保守党政府。政府的成员几乎都来自劳合·乔治的"第二个十一"组织。

劳合·乔治的辞职标志着其政治生涯的终结。他对朋友乔治·里德尔说："如果我考虑自己的幸福和在历史上的地位，我本应该在签订《停战协定》后就辞职，但我不能这么做，我只能继续。"1919年11月，他本可以在一片感激和崇拜的欢呼声中退休，他在历史上的地位本会如小威廉·皮特一样。劳合·乔治曾参与"支持布尔人"的活动，也曾参与激烈的党派之争，但他在战争中作出的卓越贡献及他永不放弃的勇气、始终葆有的信心和充沛的精力使人们忘记了他的不好。然而，疲惫的劳合·乔治从巴黎归来后，已不再那么受欢迎。尽管他偶尔会高水平地解决重大问题——比如1920年[1]，但他不应该选择成为保守党人占多数的联合政府的领导人。1922年，他失去了政治影响力，此后再也未能重新拾起。

---

[1] 1920年，劳合·乔治领导的战后联合政府先后颁布了《失业者保障法案》《盲人法案》和《农业法案》等。——译者注

第 5 章　　CHAPTER V

- 反抗的劳工
- 大罢工及后续发展

Labour in Revolt

The General Strike---and After

英国的失业问题

　　1922年11月，在大选中，博纳·劳代表的保守党在所有党派中拥有79票多数票。他就职后不久，便疾病缠身，1923年5月，他被迫辞职。鲍德温接任他的首相之职。对此，乔治·寇松非常失望。鲍德温尽管刚进入内阁不久，但已经在卡尔顿俱乐部的会议上展示了真实的领导精神。他凭借勇气同时担任财政大臣。

　　英国选民希望能享受一段时间的平静。为此，他们投票给保守党，但他们的希望落空了——欧洲拒绝平静。法国不顾英国的建议，派军队占领了鲁尔区。保守党未能解决英国国内失业问题，相反，失业问题可能会长期存在。鲍德温相信，只有贸易保护能减轻贸易萧条导致的沉重负担。他直接声明，除非选民准备好支持改革英国长期确立的财政政策，否则拒绝为财政事务的处理结果负责。

　　有人指责鲍德温鲁莽轻率，但国内的情况的确很糟糕了。战后，超过100万英亩[①]的土地变成不可耕种的土地，超过45 000名农

---

① 英国人和美国人习惯使用的土地面积单位，1英亩约为4046.86平方米。——译者注

075

场工人失去工作。贬值的外币不仅使英国的一些老顾客难以从英国购买东西，也使英国的竞争者能轻易向英国出口商品。虽然便宜的国外商品会对英国顾客短期有利，但可能给英国制造商带来永久性的毁灭。1915年，财政大臣雷金纳德·麦克纳强制征收关税。通过1921年制定的《工业保护法案》，上述税收政策取得了超出预期的效果。

第一个工党政府

选民都很谨慎，他们给出的回应都模棱两可。259位保守党人的回归证明选民并没有接受工党的计划。在151位自由党代表的支持下，191位工党代表明确支持自由贸易。阿斯奎思拒绝自由党与保守党联合的提案，并让工党执政。麦克唐纳成为首相和外交大臣。在自由党人的默许下，麦克唐纳的政府得以成立——这个政府最终只存活了9个月。

具有讽刺意味的是，正是"红色威胁"导致第一个工党政府走向灭亡。尽管工党谨慎地与共产党人保持距离，但麦克唐纳的第一个外交行动是1924年2月1日从法律上认可苏联政府。1924年4月，麦克唐纳同苏联代表就一个重要条约进行谈判。苏联企图从英国获得一笔贷款。作为交换，苏联愿意承认它欠英国10亿英镑的债务，尽管这项债务不用偿还。1924年8月8日，在长时间的谈判后，两份条约签订了。英国和苏联签订条约的日子是英国议会夏季休假结束后上班的第一天。1924年10月8日，当议员再次聚集时，针对自由党人要求成立一个特别委员会深入调查英国共产党领导人 J.R. 坎贝尔的事件，麦克唐纳决定撤回对坎贝尔的起诉，导致其政府在下议院的信任投票中失

利。议会立即解散。围绕"红色威胁"的问题，英国开始组织新的议会选举。

工党政府和布尔什维克之间的关系吓坏了英国人。英国人非常担心苏联的贷款偿还问题。据称，第三国际的领导人季诺维也夫给英国共产党写了一封信。在大选投票的5天前，外交部对信的内容提出抗议，并认为此信将指导英国共产党进行"以暴力推翻现存的英国制度和颠覆国王陛下的军队的工作"。同时，报刊刊登了信的原文和外交部的抗议。报刊上的官方文章还详细描述了整个事件。无论信的内容真实与否，此信确实从麦克唐纳自己的部门流出。信的内容引起了轩然大波，并决定了麦克唐纳政府的命运。在大选中，保守党得到了超过413个席位。工党议员人数从191人减少到151人。但自由党再次溃败，只得到了40个席位，还失去了包括阿斯奎思在内的政府领导人。

麦克唐纳立即辞职。鲍德温组织了新政府。新政府修复了1922年发生的各种事件造成的裂痕，并任命丘吉尔为财政大臣。就此，丘吉尔回归保守党。

1924年至1929年的鲍德温政府

保守党占有绝大多数席位。英国经济有所恢复，国际形势也有所改善。在这些条件下，鲍德温政府看似能成为一届成功的政府。但鲍德温第二次执政的记录总体上令人失望，尤其是丘吉尔在财政上的作为。丘吉尔的确接受了贸易保护和帝国特惠制[①]的原则，但他恢复了金本位制。尽管此举是对正统的经济观念的让步，但遭到了实业家的强烈谴责，他们认为恢复金本位制会损害对外贸易。1925年，政府还提出失业保险法案和孤寡抚恤金综合计划，并于1926年颁布了重组供电工业的法案。在不到10年的时间里，英国的电力输出几乎翻倍。重组供电工业的法案进行了具有独创性的尝试。这些尝试没给国家带来任何直接的财政负债。此外，还做出了协调私营企业和公共管理关系的出色尝试。1929年颁布的《地方政府法案》重新调整了国家财政和地方财政，将救济贫困人口和修路的职责转移给地方议会，并免除了工厂75%的费用，以及农业用地和建筑物的所有费用。这些举措虽

---

① 帝国特惠制是英国与英联邦其他成员国之间相互颁布关税或自由贸易协定的制度。——译者注

然有效，但并未产生令人惊叹的效果。相关受益者也并不感激这些举措。1928年的《平权法案》产生的效果更小。《平权法案》规定，作为选举人，男性和女性具有相同的地位。成人普选的选举数量立刻上升至28 850 776人，这是一个巨大的数字。选举人中有超过1500万名女性。然而，1929年，被赋予选举权的年轻女性将鲍德温赶下了台。

让我们重新按顺序梳理事件。在保守党政府执政前几年，矿工和铁路工人持续不断的动乱困扰着政府。从1920年到1921年，国家给三角联盟发放了补贴，但它依然坚持活动。1925年，鉴于煤矿贸易有可能再次中断，政府支付近2400万英镑的补贴才阻止矿工罢工。但这笔补贴的唯一用途是为政府赢得准备战斗的时间。政府清楚地意识到大罢工很快到来。1926年5月，大罢工开始了。

大罢工及其后续

1925年，赫伯特·塞缪尔担任煤矿委员会主席。1926年3月6日，煤矿委员会发表报告，建议拒绝国有化采矿业——矿区土地使用费除外，并明确建议取消政府补贴。

如果矿工和政府都同意接受煤矿委员会的建议，政府将着手实施这些举措。但矿工和政府的意见未能达成一致。因此，1926年5月1日，工会理事会宣布工人于1926年5月3日，即星期一的午夜开始罢工。针对大罢工，政府开始采取措施。

这次斗争爆发的导火索是《每日邮报》在1926年5月3日的最后一刻拒绝刊登一篇谴责大罢工的文章。这篇文章号召所有遵纪守法的国民坚持为国王和国家服务。这种拒绝刊登文章的行为让麦克唐纳认为出版商在干涉新闻自由。整个国家立刻本能地意识到，大罢工并不像其辩护者坚持的那样，仅仅是一场劳资纠纷。国家所有行业都被召唤去选择其将生活在哪个"国王"的统治之下。英国是否可以存在一个强大的特权机构，这个特权机构可以篡夺国家的权力，公然反抗法律，甚至取代议会，在关键时刻，这个特权机构还会依据法律规定组成行政部门并执政？

这个问题的答案显而易见。1920年，劳合·乔治对铁路工人说："民主国家只有一种选择政府的方式。"此时跟彼时一样。议会民主制的基石遭到质疑。代议制政府的存在是基于表达人民意志的民主选举。代议制民主不同于直接民主[①]。选民实际上拥有最高决定权，尽管不是法律意义上的权利。但选民可以选出下议院来实施权力。大罢工不是对政府而是对采矿业的挑战。

显然，采矿业用一种幽默的方式赢得了胜利。政府事先表示自己已经做好准备应对大罢工，政府针对紧急事件制订的计划像钟表装置一样有条不紊地执行。罢工使交通系统立刻瘫痪，但志愿者蜂拥而至。志愿者驾驶着公交车、卡车，甚至摇摇晃晃的火车。在伦敦和各郡，上万民众注册成为特别警察维持秩序，政府派一支安保部队前往码头。但在码头，满身油和汗的大学生和银行职员已经在卸载食品和其他货物了。海军部门操作运行发电厂，配备枪支和坦克的大规模部队聚集在伦敦，这种未雨绸缪的谨慎做法非常明智。然而，政府没有下令开火。英国劳动联合会议计划向人们发放牛奶和食物，尽管并没有这么做的必要。政府在海德公园建了大型仓库，以储存应对各种拥向伦敦的人的供给，避免伦敦陷入饥饿。

一些码头和城市发生了骚乱。由于人们已经做好与政府合作的准备，公共秩序大体上比较稳定。许多私人摩托车送妇女上下班；宪兵在地铁站检票；年轻男性开起了电火车。在罢工结束前的一个星期，铁路上运行了超过3600趟火车。《泰晤士报》和其他报纸发行用

---

① 直接民主是一种从原始社会起就存在的民主体制，其效率会随着参与人数、议案数目和议案复杂性的增加而降低。——译者注

打字机打印的报纸，而政府每天发行《英国公报》^①。整个临时应对大罢工的措施看起来很业余，但很高效。

议会继续定期举行会议。1926年5月6日，自由党人约翰·西蒙做了一场出色的演讲。这场演讲是掷向工党成员的一枚炸弹。演讲宣布大罢工是不合法的，宣布政府可能会没收工会参与大罢工的资金，宣布每个提议或支持罢工的个人都要"承担损害他人个人财产的责任"。演讲产生了颠覆性的效果。工党代表带着愤怒和恐惧逃出了会议室。1926年5月11日，法官约翰·迈尔·阿斯特伯里的宣判实质上是对约翰·西蒙观点的肯定。1926年5月12日，工会领导人拜访了鲍德温，并表示无条件投降。

铁路工人一直没有搞清楚状况。1926年5月14日，铁路工人看到了一份工会正式承认错误的文件。这时，铁路工人才回过神来，意识到自己参加了一次"错误行动"。政府之前承诺的条件统统作废。罢工耗费了铁路工会100万英镑。整个罢工给英国造成的直接损失不超过100万英镑，但煤矿委员会因罢工而损失了1.5亿英镑。

煤矿行业没有立即因大罢工的失败而回归安宁。1926年12月，矿工全盘接受了政府的条件。这些条件比矿工于1926年2月拒绝接受的那些条件还要差。

1926年，政府通过了罢工工人提出的两项法案。《煤矿法案》准许但不强制煤矿工人在5年内的每个工作日在地下工作8个小时。煤矿委员会提出了在当时看似可行的建议。《矿业法案》采纳了这些建议。但直到1938年，矿主才向国家支付了6645万英镑的矿区土地使用

---

① 《英国公报》是1926年大罢工期间英国政府出版的一份官方报纸。——译者注

费。1926年的《矿业法案》为矿主自愿合并采矿地和在保护下的强制合并采矿地提供了实施方法。

在英国战后的历史中，煤矿业的问题是一个大问题，因此，我们用了较长篇幅阐述它。英国人一直很同情矿工。矿工经常得不到雇主的优待，还常常追随如A.J.库克这样愚蠢的狂热领袖。但这些狂热领袖的追随者恰恰认为偶尔的不明智行为正说明他们心地善良。

上述情况在很大程度上造成了一种现象：无论在大罢工进行的过程中或结束后，英国社会都没有弥漫敌意。在宣布罢工结束时，阿斯奎思说："我们没有时间去指责或得意扬扬。"但英国人在罢工中和罢工后的表现的确值得他们自豪。英国人再次证明了自己宽广的胸怀和隐忍的性格，而他们保卫国家时又坚不可摧。近年来，面对外国敌人，英国一直是胜利的一方，但面对国内矛盾，则选择了妥协。英国轻而易举地在全世界建立了规则，但面对国内的武力威胁，选择了让步：

> 一个国家，统治者和被统治者，
> 拥有某种责任感，某种信念，
> 某种对自己制定的法律的尊重，
> 某种对在国家需要时改变法律的耐心，
> 某种不随波逐流的民族气概。

大罢工导致了立法上的一些变化。由于1913年的法案，英国人开始对与工会政治活动有关的法律不满。工会是改善工人就业条件的主要组织。1871年到1876年，英国通过的法案即使没有将工会置于"法律之上"，也确实将它放在了享有特权的位置。"塔夫河谷铁路工人罢工案"判决[1]剥夺了工会的这种特权。但1906年，《贸易纠纷法案》恢复了工会的特权。

然而，英国劳动法的立法情况已朝新方向发展。1906年之前，英国立法机构认为，无论国家是限制还是赋予工会特权，工会都只是工业组织的一部分。但1906年之后，工会明确进入了政治领域。1900年2月，一个劳工代表委员会成立。这个劳工代表委员会任命麦克唐纳为总书记。劳工代表委员会的目的是促进建立"议会中出色的劳工组织"。

1906年，在"塔夫河谷铁路工人罢工案"判决的影响下，工党的候选人在议会中有29个席位。在威斯敏斯特，有一点不能被忽视：对于工党的权力，1906年的立法是一次巨大的考验。

然而，1909年，法院再次阻挠工党发展。"奥斯本案"[2]的裁决结果是禁止工会使用资金资助工党候选人及其成员。工党成员惊愕不已——工会是他们的资金来源。不久，工党再次有了资金来源。1910年1月和12月的选举结果实质上建立了激进党人和保守党人之间的纽带。工党以40个席位取代了自由党。工党急于通过议会法案来限制上议院的各种权力以索要资金。下议院提议每年向工党党员发放400英镑薪酬，下议院计划用这种方式解决奥斯本审判所引发的难题。1913

---

① "塔夫河谷铁路工人罢工案"判决对英国劳动法的形成产生了重大影响。它认为，根据普通法，工会需要对采取罢工行动给雇主造成的利润损失负责。此判决推动了英国工党的成立。——译者注

② 沃尔特·奥斯本是铁路工人工会所辖分会的秘书。1909年12月21日，上议院做出裁决，禁止工会出于政治目的收费，尤其禁止工会收费去资助工党的组织建设和选举活动。——译者注

年，政府颁布《政治税法案》。《政治税法案》赋予了工党在特定条件下筹集政治资金的权力。工党有权使用资金资助候选人和为工党党员发放薪酬。在不牺牲各方利益的情况下，《政治税法案》提议工党的成员可以将"外来"的捐款用作政治资金。温和的工党成员鼓足勇气收取政治税。保守党人也按照《政治税法案》的要求收取政治税。要求工党成员为政治基金捐款成为1927年制定的《贸易纠纷和工会法案》的主要目标。它谨慎保护"罢工权利"以解决贸易纠纷。《贸易纠纷和工会法案》宣布任何另有目的的罢工都是非法的，同时宣布"任何谋划直接胁迫政府或通过对行业造成困难来胁迫政府"的罢工都是非法的。

《贸易纠纷和工会法案》遭到了工党的强烈反对。其他大多数党派认为《贸易纠纷和工会法案》纠正了明显的陋习，挫败了革命的力量，并对许多工会成员发动的工业社会主义革命或政治革命做出了基本公正的裁决。

1927年，针对工党中共产主义人士的苏联朋友，政府采取了行动，这些行动激怒了工党中的共产主义人士。英国劳工联合会议谨慎地拒绝了苏联对大罢工的资金援助。但第三国际和英国共产党人之间一直保持着紧密的联系。

尽管如此，英国国内和国外的情况还是有所改善，虽然改善的进程缓慢。1929年5月，鲍德温呼吁选民重拾信心。在英国历史上，选民第一次包括了全国所有成年人，但鲍德温的呼吁没有任何效果。与之前的两次选举相比，这次选举的情况更不明朗，而且人们的回应更含糊不清。拥有287个席位的工党成为新的下议院中最大的独立政党，而自由党只占有59个席位，保守党则占有259个席位。鲍德温立

即辞职了。麦克唐纳虽然未能再次赢得议会的绝对多数席位，却再次重组了内阁。他的运气不佳，刚一就职，一场经济危机就席卷了整个世界，彻底扰乱了国际贸易，导致各国货币和国际汇兑体系崩溃，并让旧世界的制造业从业者和新世界的初级产品生产者陷入绝望。英国失业人数快速升至300万，而保险基金的负债——1.15亿英镑——快速增长。最终，这些危险的信号引起了工党政府的警醒。1931年2月，工党政府建立了经济委员会。经济委员会由乔治·梅领导。1931年4月27日，菲利普·斯诺登发布的财务报表揭示了一个严重的问题。在菲利普·斯诺登对经济问题的主张下，他的社会主义支持者要求政府采取新的措施。他们根本没有意识到《五月报告》[①]所预示的国家即将破产的危险。

然而，警觉的外国人开始兑换债券并提取黄金。英国正处于金融危机的阵痛中。尽管政府认为国家绝对有必要采取措施防止经济急剧下滑，但英国劳工联合会议和某些工党领导人拒绝采取措施。因此，1931年8月24日，麦克唐纳辞职。但在英王乔治五世的迫切请求下，麦克唐纳组织了代表工党、保守党和自由党所有议员的政府。1931年10月，麦克唐纳解散了议会。然后，至少有554名议员回到议会支持政府。麦克唐纳依然是首相，但由保守党执政。政府安排内维尔·张伯伦担任财政大臣，罢免了菲利普·斯诺登、赫伯特·塞缪尔和其他自由党人士。

英国历史上的新时期由此开始。政府通过禁止自由进口及在英

[①] 《五月报告》由国民支出委员会（五月委员会）于1931年7月31日发表。在一位自由党议员的主张下，五月委员会成立，旨在为政府控制开支提出建议。乔治·梅担任五月委员会的主席。——译者注

联邦内部施行优惠关税和在英国国内实行一般关税的措施使英国财政恢复平衡，并使英国的商业、工业和农业恢复了繁荣。但正如接下来的各章揭示的那样，国际形势越来越严峻。天空被乌云笼罩。1939年，暴风雨来了。

第 6 章 | CHAPTER VI

·大英帝国殖民地的民族自决

"Self-determination"

in the British Empire

大罢工的失败消除了英国国内的紧张气氛。1925年通过了《洛迦诺公约》[①]，签字国承诺让欧洲"上空的乌云中留有一丝光明"。然而，这只是人们对未来的一种期待。从1925年到1930年，欧洲度过了5年相对平静的时光，5年后，整个世界开始动荡不安。

　　正如我们所见，困扰英国的不安情绪也影响了英国的海外殖民地和自治领。

---

① 1925年10月5日至16日，欧洲多个国家在瑞士的洛迦诺开会，同年12月1日在伦敦签署了《洛迦诺公约》，1926年9月14日生效。其主旨是明确新兴的中欧、东欧国家的边界，试图恢复与战败的德国的正常关系。——译者注

爱尔兰

第一次世界大战给了爱尔兰民族主义者一个机会。1916年，他们抓住了这个机会。在战争即将爆发时，爱尔兰民族主义者约翰·雷蒙德做了一场出色的演讲。在演讲中，他看似同意与盟军合作，反对投降德国的比利时天主教教徒。然而，英国陆军部并没有正确处理爱尔兰天主教教徒的问题。1915年，爱尔兰志愿军与协约国合作的希望破灭。1916年，借助德国的援助承诺，在"民族自决"呼声的鼓舞下，一部分爱尔兰人决定造反。1916年复活节，英国军队镇压了在都柏林爆发的叛乱。在镇压叛乱的过程中，有大量人员伤亡，财产损失无法估量。超过450人被杀，2614人受伤。3000名反抗者被拘留，其中有15人死亡。埃蒙·德·瓦莱拉[①]是短暂被拘后获释者之一。由于受武力镇压的刺激，新芬党[②]发展壮大。新芬党是一个更极端的党派。1917年7月召开的爱尔兰会议努力解决矛盾，但没

---

① 埃蒙·德·瓦莱拉（1882—1975），20世纪爱尔兰著名政治家和政治领袖，曾经多次担任爱尔兰政府首脑和国家元首。——译者注
② 新芬党是阿瑟·格里菲斯于1905年组建的爱尔兰政党，致力于爱尔兰独立。——译者注

能促成南方和北方持温和政见的党派达成一致意见。新芬党人再次出尽风头。1918年，"新芬党宣言"[1]和法治力度的加强避免了叛乱再次爆发。

然而，1919年到1920年，爱尔兰出现了骚乱和暴动。英国试图跟北爱尔兰和南爱尔兰同时协商"地方自治"，但这种尝试没能阻止骚乱和暴动。根据1920年第四版"地方自治"的规定，北爱尔兰适时地建立了自己的议会。北爱尔兰还向威斯敏斯特议会派出了13名北爱尔兰议会成员，南爱尔兰拒绝地方自治计划。地方自治根本无法满足南爱尔兰对独立的渴望。1918年，"爱尔兰共和国临时政府"[2]告知美国总统伍德罗·威尔逊："我们的民族主义不是建立在委曲求全之上的。我们反对的不是英国的无能统治，而是英国在爱尔兰的统治。"大多数英国人都没有理解这个事实。与此同时，爱尔兰人发动了激烈的游击战，使拥有6万名士兵的英国军队难以应对。到1921年6月，至少396名英国警察被杀，很多英国士兵被杀或致残。随后，被战争所累的英国投降了。1921年12月6日午夜，英国与爱尔兰达成一致，并签订了《英爱条约》。在某些情况下，《英爱条约》允许爱尔兰享有像加拿大那样的"自治领地位"。但北爱尔兰有权在新的自治领"拒绝执行"条约内容。北爱尔兰还可以保持现有的地位及它与英国的联邦关系，并有权保有它在威斯敏斯特议会中宝贵的代表权。1922年3月31日，执行条约的法案得到了英国王室的批准。丘吉

---

① "新芬党宣言"指该党在1918年英国大选中的竞选宣言。1918年12月14日英国大选中，新芬党在爱尔兰105个席位中赢得73个席位。——译者注

② 1916年4月，爱尔兰志愿军与爱尔兰国民军发表《复活节宣言》，发动复活节起义。随后，爱尔兰共和国临时政府成立。——译者注

尔是《英爱条约》的签字人之一。针对执行条约的法案，丘吉尔残酷地评价道："大部分多数党人感到悲伤，而所有少数党人都感到愤怒。"在都柏林议会上，经过激烈的辩论，爱尔兰议会以64票比57票的结果通过了《英爱条约》。埃蒙·德·瓦莱拉激烈抗议爱尔兰议会的决定。他承诺将继续为了爱尔兰的完全独立而战斗。然而，埃蒙·德·瓦莱拉并没有履行这份承诺。

埃 及

　　与爱尔兰相比，英国在埃及的殖民经历还算幸运。自1882年起，在埃及，英国的统治形同虚设，并且很不规律。这导致埃及有时局势不稳定。法国常常忌妒英国，因此加剧了埃及局势的动荡。1904年，英国与法国签订《友好协约》。之后，英国和法国停止了相互指责。在《友好协约》中，两国承认了彼此在埃及和摩洛哥的主要权益。

　　随后，第一次世界大战爆发。名义上，奥斯曼帝国苏丹依然统治埃及。然而，奥斯曼帝国与德国结盟，使埃及局势更加反常。1914年11月，英国谴责奥斯曼帝国，并采取了一种最简单的方式结束了这种反常局势。英国宣布埃及成为自己的保护国，并废黜埃及总督阿巴斯二世。英国将埃及苏丹国[①]的王位授予侯赛因・卡迈勒。1915年2月，土耳其军队多次进攻苏伊士运河，但都失败了。1918年，英国军队占领巴勒斯坦，从而解除了苏伊士运河面临的所有危险。

　　英国接下来在埃及做了什么呢？在第一次世界大战期间，埃及

―――――――――
[①]　1914年到1922年，英国在埃及建立的保护国。——译者注

各阶层越来越不满英国的统治。伊夫林·巴林[①]将埃及农民从束缚中解放了出来。但征收军需物资让农民本就糟糕的生活雪上加霜。英国政府征收埃及农民的牲畜和粮食，强迫他们将棉花按照固定的价格卖给棉花管控委员会。埃及农民被征召到劳工团[②]服役。与埃及农民一样，贪图战争利益的中间商和腐败的公务员也对英国政府表示不满。埃及的学生和教授渴望实现民族独立，并憎恨英国政府将他们排除在公务员系统外，所以开始觉醒。

1919年，埃及民族主义者不断发动起义。当年秋，英国政府任命埃德蒙·艾伦比为高级专员，任命阿尔弗雷德·米尔纳为代表团的主席，并派代表团前往埃及。虽然埃及民族主义者联合抵制阿尔弗雷德·米尔纳率领的代表团，但代表团还是建议埃及自治政府能立即让步，与英国共同维护苏伊士运河，并确保英国及其殖民地的利益。埃及民族主义者认为代表团的建议意味着埃及将继续是英国的"隐形保护国"。1921年，埃及发生暴乱，造成了大量人员伤亡。英国将埃及民族主义者的领导人萨德·扎格卢勒流放到直布罗陀。然而，最终英国还是让步了。1922年2月28日，英国决定不再充当埃及的保护国，并承认埃及是一个"独立自主的国家"。苏丹依然在英国和埃及的共同统治之下。在英国的极力坚持下，埃及同意未来再解决下列三项事宜：第一，保障英国外交人员的安全。第二，直接或间接抵御外国的干涉。第三，保护埃及的外国人和少数民族利益。1925年，托

---

① 伊夫林·巴林，英国外交家，1883年到1907年代表英国统治埃及。他对埃及的统治一定程度上促使埃及发展成为现代国家。——译者注

② 劳工团通常指为军事目的提供劳工的组织。它可以由文职辅助人员组成，也可以是某一特定兵种的内部分支机构。——译者注

尼·劳埃德接替埃德蒙·艾伦比担任高级专员，他非常有能力。1927年，有势力暗中尝试将在苏丹的埃及军队的控制权，从指挥埃及军队的英国总司令手中转移到埃及战争部。三艘英国军舰出现在埃及水域。在英国军舰的支持下，托尼·劳埃德的一条命令扭转了局势——英国军舰要"对无序的因素施加限制性的影响"，还要"在不得不面对埃及局势混乱的情况下，减少发生不幸事件的可能性"。虽然萨德·扎格卢勒并非一直在任，但他主宰埃及多年[①]。不过，他的去世的确使"无序因素"的影响力变弱了。

1929年，工党执政。英国将托尼·劳埃德从开罗召回英国。英国与埃及签订了协议。协议同意埃及除了完全独立以外的所有条件。1936年，埃及国王福阿德一世驾崩。他16岁的儿子法鲁克[②]即位。1936年8月26日，《英埃同盟条约》的签订确认了法鲁克的即位。尽管有大量英国军队驻留在埃及保卫苏伊士运河，但埃及的确成了主权国家。埃及与英国终结了永久的特殊亲密联盟，从而明确了自己的独立地位。

---

① 1922年4月1日，萨德·扎格卢勒出任埃及总理，但在埃及军队总司令兼苏丹总督被刺杀后，迫于压力而辞去总理职务。1927年，他在开罗去世。——译者注
② 即埃及国王法鲁克一世，穆罕默德·阿里王朝的第十任统治者。——译者注

英属殖民地

与埃及的民族主义相比，英国更难以应对印度"独立自决"思想的发展。这种思想不是完全在战后发展起来的。半个多世纪以来，在英国的殖民统治下，印度常出现动荡不安的局面。虽然这种局面出现的根源是民族主义，但英属印度[1]政府要负责。维多利亚女王1858年的著名宣言[2]一直深深影响着受过教育的印度本土人民的思想。英国承诺绝不干涉印度人的宗教信仰或习惯，还承诺"给予所有人平等和公正的法律保障"。宣言还称："迄今为止，我们更大的愿望是，我们的臣民，无论身处何种阶层，拥有何种信仰，都可以完全自由地担任政府的职务。而担任什么样的职务是由他们的受教育程度、能力和正直品质所决定的。"

在多个方面，英国兑现了承诺。英国为印度增添了教育设施，并允许印度人进入公务员系统。印度不断迈向独立自决。1875年，维

---

[1] 英属印度，英国（1858—1947）于印度次大陆建立的殖民统治区域，领土包括现在的印度、孟加拉国、巴基斯坦及缅甸。——译者注

[2] 指1858年11月1日维多利亚女王向"印度王公、酋长和人民"发表的宣言，旨在维护英国在印度的殖民统治。——译者注

多利亚女王加冕为"印度女皇"。1908年，爱德华七世发表著名宣言。1911年，乔治五世和玛丽王后出席杜尔巴加冕礼。上述一系列事件进一步唤起了印度人的民族意识。

第一次世界大战更进一步唤起了印度人的民族意识。英属印度和执政的王公对第一次世界大战的胜利都作出了卓越贡献。在1858年宣言中，维多利亚女王对执政王公做出了郑重承诺："我们无意扩张我们现有的领土，但不容许出现不良的企图。例如，有人不负责任地侵略我们的领土或侵犯我们的权利。我们应当抵制侵犯他人领土和权利的行径，我们应当像对待王室一样尊重当地王公的权利、尊严和荣誉，并且我们热切地希望当地王公和我们自己的人民都能享有经济繁荣和社会进步带来的好处。但只有内部稳定的优秀政府才能确保繁荣和进步。"

英国和印度的王公因1858年宣言的内容而产生了联系。1914年，印度王公团结一致保卫英国。在第一次世界大战中，超过60万士兵——大多数是旁遮普人、锡克人、拉杰普特人和廓尔喀人——奔赴海外战场，加入各个战区的战斗。然而，战争一拖再拖，一些伤病员只好返回家乡。他们带回的一些故事，尤其是关于美索不达米亚的灾难的故事，严重损害了英国的声誉。孟加拉的绅士不遗余力地传播这些故事。印度的无政府主义团体再次开始进行革命活动。在第一次世界大战的前两年，英国已经平息了革命的骚乱。现在，革命活动卷土重来。印度人的愤怒情绪开始蔓延。

1917年，印度议会选举安妮·贝赞特为印度国民大会主席。安妮·贝赞特与一位极端主义领袖巴尔·甘加达尔·蒂拉克提出印度自治的要求。1917年8月20日，印度事务大臣埃德温·塞缪尔·蒙塔古

在下议院发表了历史性的宣言：

"英国政府的政策与印度政府的政策完全一致。双方的政策都是为了加强印度各行政分支之间的联系，都能逐步促进自治政府机构的发展。英国计划在印度逐步建立责任政府。责任政府是英国不可分割的一部分。……我还认为，只有通过接下来的几个阶段，印度才能形成责任政府。英国政府和印度政府……一定要做好整个过程的时间规划和措施的审查。英国政府和印度政府将招收一些新的公务员。这些公务员与英国政府和印度政府合作管理责任政府。责任政府的可信度则取决于他们的责任感。"

公众的注意力很自然地落到了"责任政府"这样的关键字眼上，而忽略了第二段和解释的段落。除了那些第一次正式使用的与印度相关的措辞，埃德温·塞缪尔·蒙塔古的宣言和1833年以来的历次法案与宣言的措辞没有什么不同。英国人认为自己用这些话优雅地表达了对参加第一次世界大战的印度人的深深感激。然而，印度人并不这样理解。他们认为这些话是英国对印度议会的妥协。印度人仍认为印度议会与大英帝国并无关系。

1918年4月，印度总督切姆斯福德子爵弗雷德里克·塞西杰和埃德温·塞缪尔·蒙塔古在议会发表了《蒙塔古-蔡姆斯福德报告》。1919年，印度政府通过了《印度政府法案》。《蒙塔古-蔡姆斯福德报告》中的主要建议在《印度政府法案》中得以体现。《蒙塔古-蔡姆斯福德报告》和《印度政府法案》使印度人更加确信自己的解读。

相对来说，印度中央政府的变化并不重要，它依然是受到两院立法机关限制的独裁政府。在二元政治基础之上的地方政府中，政

府的功能被分配给了统治者、行政部门、地方立法机关及相关负责的部门。

　　在《印度政府法案》中，英国还提出在未来10年内成立一个皇家委员会。皇家委员会将就应当限制还是发展责任政府做出报告。1927年，英国任命约翰·西蒙为皇家委员会主席。1930年，约翰·西蒙做了一份详尽的报告，但报告实际上未被采纳。1930年9月到1933年3月，在一连串圆桌会议后，英国代表和印度代表陷入了僵局。而在1935年的法案中，英国政府提出了自己制订的计划——印度的中央政府和地方政府都应该建立在三个主要基础之上：第一，一个完整的印度联邦要包括整个英属印度和王公领地。第二，地方自治。第三，为中央政府和地方政府提供安全保障。1937年，新的地方政府成立，但在8个地区，由于英国官员在印度议会极端分子的要求下辞职，所以这8个地区的政府仍保留独裁制度。直到1940年，完整的印度联邦还未能形成，1935年的宪法[①]依然未能完成制定。只有英国与重要的执政王公就相关条件达成一致意见时，印度联邦才能形成。王公对加入印度联邦犹豫不决，因为联邦政府必定会限制他们的权力。虽然他们的犹豫不决令人遗憾，但可以理解。印度联邦未能形成的另一个重要原因是印度议会中声势浩大的民族主义。议会中的一些议员要求印度完全独立，从而获得"完全的统治地位"。

---

① 英国议会制定的关于英属印度宪法体系的法案，即《印度政府法案》。——译者注

印 度

"自治领地位"是一个最近才被广泛使用的说法。虽然"自治领地位"不易被定义，但它方便描述"殖民"的地位。自治领可以享有实质上的独立，只在与国王"主权"有关的问题上，它才受限。

第一次世界大战唤起了殖民地的民族意识。英国的自治领加入了战争。在战争中，自治领崛起成为国家。这种变化并不是一蹴而就的。每个大殖民地——加拿大、开普、纳塔尔、新南威尔士及其属地、在澳大利亚的其他殖民地、新西兰——都分几个阶段逐步成立了自治政府。首先，上述大殖民地成为英国直辖殖民地。其次，它们建立了一个拥有代议制立法机构的殖民地。最后，它们成立了完全责任政府。19世纪结束前，这些殖民地与纽芬兰成立了责任政府。这意味着，在国内事务上，每个殖民地都实现了完全自治。然而，在英国外交政策和严重影响英国自身安全和利益的外部事务上，这些殖民地没有话语权。对此，殖民地有诸多抱怨。在1887年的殖民地会议上，当殖民地的政治家第一次向英国政府正式反映时，英国政府才听到这些抱怨。殖民地会议变成了帝国机制的一部分。人们甚至希望，自1897年起，殖民地会议能发展成为更加明确的组织——一个委员会或者英

国的一个部门。然而，这个希望落空了，殖民地没有获得这样的权利。但直到第一次世界大战爆发前，定期举行的殖民地会议都起到了很有价值的"咨询"作用。因为"殖民地"被认为带有从属关系的含义，所以1907年，一些大殖民地拒绝使用"殖民地"一词，它们变成了"自治领"。殖民地会议变成了帝国会议[①]。1925年，英国自治领的行政机关专门从殖民地部分离出来。殖民地事务大臣变成了自治领大臣。里奥·埃默里连续几年都兼任自治领大臣与殖民地部大臣。但1930年，英国政府任命了两名官员分别担任自治领大臣与殖民地部大臣。

1911年的殖民地会议上，在外交事务方面，自治领得到了英国政府的完全信任。自治领如果详细了解当时的外交形势，就可能会推迟加入第一次世界大战。而事实上，它们迅速地加入了第一次世界大战。但在战争爆发之初，自治领就坦率地表达："再不会如此了。如果你们想要得到我们的帮助，你们就必须让我们加入你们的议会。"1917年，劳合·乔治邀请自治领加入议会。直到战争最终获胜，英国本土和自治领的主要政治家都一同在帝国战争内阁[②]商议战事。在战争中，英国和自治领全面合作。人们充满信心地期待，在之后的和平时期，英国和自治领也能如此。人们还期待英国能一直保留帝国战争内阁。

然而，人们的希望落空了。在巴黎和会上，自治领宣布自己以

---

① 帝国会议是1887年到1937年来自英国自治殖民地和自治领的政府领导人定期举行的会议。——译者注

② 帝国战争内阁是英国战时协调机构。从1917年到1919年，共举行了三次会议。——译者注

英国代表团成员和自己国家的代表的双重身份出席会议。英国不得不认可自治领的宣言。自治领的政治家用两个身份分别签署了《凡尔赛和约》。随后，在日内瓦国际联盟大会上，自治领拥有了自己独立的席位。

在巴黎和会上，英国和自治领之间第一次心生嫌隙。在接下来的几年中，一连串的事件使双方渐行渐远。每个单独的事件产生的影响都不大，但所有事件都产生了同样的影响。因此，形成了累积效果。1921年，帝国会议果断否决了永久保留帝国战争内阁的提议。自治领宣布除非它们享有当时在巴黎和会上那样的地位，否则拒绝参加华盛顿会议。1922年，查纳克危机爆发。从1922年到1923年，自治领代表缺席了洛桑会议，并任命外交代表驻扎在外国首都。自治领向枢密院司法委员会提出上诉的权利被限制。1923年，加拿大自治领与美国达成《比目鱼渔业条约》时出现了令人遗憾的情况[①]。1925年，自治领代表未能参加洛迦诺会议，所以拒绝履行会议后签订的《洛迦诺公约》所规定的义务。上述所有事件都明确表明，殖民地独立时代已经到来。1926年的帝国会议具有历史意义，它宣传和强调了殖民地独立时代的到来。1926年，在帝国会议上，英国承认并定义了自治领的新地位。英国认为"试图制定一部大英帝国的宪法是没有好处的"。英国决定定义英国和自治领的"地位和相互关系"："英国和自治领在大英帝国内部是独立自主的，具有平等地位。英国和自治领共同效忠王室，都是英联邦的成员。因此，英国和自治领应当联合

---

① 指1923年3月加拿大自治领总理威廉·莱昂·麦肯齐·金要求加拿大自治领单独与美国签署条约。英国最初拒绝了，但在威廉·莱昂·麦肯齐·金威胁要派一名独立的加拿大外交代表前往华盛顿时，英国又妥协了。——译者注

与团结。但在国内外事务中，英国和自治领不从属于任何一方。"这份影响深远的声明提出了多个技术上的问题。立法专家和行政专家组织了一次特别会议，并将问题提交给特别会议。专家们的建议形成了1931年《威斯敏斯特法案》的基础。

1931年《威斯敏斯特法案》明确规定，除非在自治领的要求下，并征得自治领的同意，否则帝国议会没有为自治领立法的权力[①]。《威斯敏斯特法案》中部分条款不符合自治领要求的平等地位，所以后来被废除。关于"自治领地位"的问题，它只简单地提到，未来"殖民地不应该包括自治领或组成自治领的任何地方或州"，《威斯敏斯特法案》用枚举的方式将"自治领"定义为现存的6个自治领。在1926年的《贝尔福宣言》和《威斯敏斯特法案》出现后，有人质疑英联邦还剩下什么。人们可以在1931年《威斯敏斯特法案》的序言中找到答案。《威斯敏斯特法案》序言中的这段话虽然没有法律约束力，但具有重要的意义。这段话的内容如下：

"英国国王是英联邦所有成员自由联合的象征。它们因为共同效忠英国国王，所以紧密团结在一起。英联邦所有成员的宪法地位是平等的。今后，与王位继承或王室头衔相关的法律设立都应得到所有自治领议会和英国议会的共同认可。"

后来，英国国王就成了将英联邦国家连接在一起的合法纽带。但如果没有法律加固，连接容易突然中断。共主联邦[②]是最难持久的，所有君主制联合国家的历史都能证明这一点。1776年，英国在

---

① 《威斯敏斯特法案》序言和第四部分。——原注
② 共主联邦是指两个或两个以上被国际认可的主权国家共同拥戴同一位国家元首所组成的特殊的国与国关系。——译者注

北美的殖民地试图区分它们所承认的"共同执行的最高统治权"和它们所否认的帝国议会管辖权。这时，英国与北美殖民地的连接突然就中断了。1905年，在挪威和瑞典的事件[1]中，共主联邦的纽带突然中断。1918年，在哈布斯堡帝国事件[2]中，奥匈帝国的内部连接也突然中断。另外，听取责任政府首脑建议的君主立宪制保障了英联邦国家的连接，但如果在某个关键节点，这6位责任政府首脑向共同的最高统治者提出相互矛盾的建议，那么英联邦国家会怎么做呢？

1936年12月，英联邦结构的紧密性遭受了意想不到的严酷考验。爱德华八世宣布退位。因此，英联邦不得不修改关于王位继承的相关法律。对此，自治领议会表示赞同。爱德华八世期望英联邦在宣布他退位的消息前，能咨询所有自治领的意见。自治领与英国国王的大臣的意见一致，赞同最终形成的《退位议案》。《退位议案》成为英联邦的法律。此后，爱德华八世停止执政。与此同时，乔治六世成为英国国王。

英联邦成功应对了这次严峻的考验。1939年，第二次世界大战全面爆发。这是对英联邦的再次考验。英联邦应对考验的过程并不令人满意，但这个过程强化了英联邦的结构。这样的结果证明，结构的紧密性并不仅仅依赖于物质连接——无论连接是由黄金还是钢铁铸成，而更依赖于"轻如空气"的非物质连接。共同的情感、共同的传统和对特定政治和道德理想的共同热爱形成了英联邦成员之间的连接。

---

① 指1905年6月7日，挪威议会通过一项决议，宣布挪威王国和瑞典王国之间的联盟解体。——译者注

② 指哈布斯堡家族最后一个皇帝卡尔一世将奥匈帝国改为联邦制国家，最终导致奥匈帝国解体。——译者注

　　独立问题的出现只与英联邦有关。殖民帝国给英国政府带来的是与民族主义无关的问题。在英国殖民地中，只有西印度群岛出现了动乱的迹象，而皇家委员会1940年的最新报告显示了西印度群岛出现动乱的原因是经济上的问题，并非政治上的问题。人们可能会对比皇家委员会的最新报告和同时发布的《殖民地发展和福利政策的说明》。阿尔弗雷德·米尔纳时期的殖民地和属国是一片"未开化的土地"。此时，这两份报告则显示殖民地和属国不再如此。

　　根据以上内容，我们可以看到，爱尔兰、印度、埃及和自治领认为，民族独立的力量既可以分裂人民，也可以团结人民。英国无法阻止南爱尔兰独立。南爱尔兰确实实现了独立[①]。相反，北爱尔兰不只是英联邦的一部分，也是英国的一部分。热忱的爱尔兰民族主义者反对爱尔兰分裂。

　　印度拥有3.2亿人口。这些人说着222种不同的语言。因为不同的种姓、民族、宗教和历史传统，印度人又结成不同的群体。印度永远不可能变成一个统一的"国家"或者一个团结的"国家"。

　　自治的自治领拥有完全不同的地位。英国认可了加拿大、南非、澳大利亚和新西兰成为独立国家的事实，并且这个事实不仅没有对英联邦造成困扰，还拉近了英联邦部分国家的关系。自治领政府与英国政府因此能够更真诚地合作。在爱德华八世的退位危机中，自治领政府与英国政府展现了紧密的关系。在最近发生的事件中，它们也展现了紧密的关系。1935年，乔治五世和玛丽王后适度举办了执政

---

① 由于南爱尔兰将自己排除在大英帝国外，我没有参考它从1922年以后的宪法演变。——原注

25周年庆典。在庆典上，整个英联邦都向他们热情地致敬。1936年1月，乔治五世驾崩。英联邦成员一起追悼他。1937年，英联邦成员的代表都参加了乔治六世和伊丽莎白王后的加冕典礼。加冕典礼的形势发生了一些改变，所以具有特别的意义。很幸运，加冕典礼给了代表们一次召开帝国会议的机会。帝国会议预见性地审视了每个自治领的防御状态，还从细节上考虑了每个自治领与整个防御体系合作的最佳方法。

希特勒发动的战争不仅考验了英联邦成员之间的合作，还从多个方面增强了英联邦内部结构的稳定性。

·法国和德国：从停战协议到《洛迦诺公约》
·边境问题
·安全问题与赔款问题

France and Germany----from the Armistice to Locarno

The Problem of Frontiers

Security and Reparations

法国和德国边境问题

1000多年来，日耳曼人和高卢人一直是敌人。其中既有地理上的原因，也有历史上的原因。

在法国政治中，自然界限学说发挥了重要作用。爱国的法国人坚持认为自然已经在海峡、海洋、比利牛斯山脉和阿尔卑斯山脉标记好了法国的边境。前四项作为法国边界的标记是毫无争议的。但阿尔卑斯山脉作为边界引发了诸多争议。罗纳河谷夹在塞文山脉、阿尔卑斯山脉与侏罗山脉的峰顶之间，在中世纪是阿尔勒王国和勃艮第王国的一部分。但边界划分的真正困难始于罗纳兰到莱茵兰的区域。大自然将莱茵兰分配给了谁？

法国人很想争辩说，现代法国的边界应该与古代高卢的边界一致。枢机主教黎塞留是法兰西伟大的政治家。他曾发布一份著名的但可能是假的"遗嘱"。"遗嘱"中写道："我从政生涯的最高目标是修复大自然为高卢设计好的边境，为高卢人重新安排一位能统一高卢和法兰西的高卢国王，并在所有属于古代高卢的土地上建立新高卢。"然而，古代高卢将其现存的领土及比利时、卢森堡、荷兰的部分地区、莱茵普鲁士的大部分地区和巴拉丁领地都给了法国。无人能

确定上述边界的划分是不是"大自然"的意思。1814年，哈登贝格[1]据理力争，称法国的边境是侏罗山脉和孚日山脉之间的一条线。不过，人们认为大自然在孚日山脉北部给出的指示模糊不清。法国东北边境线也一直未能确定，由此形成的争端引发了无数场战争。

那么德国的边境有什么问题呢？现代世界都知道，普鲁士人缔造了现代德国。普鲁士王国本身并不是自然发展起来的，而是由规则、军队和拥有优秀血统和思想——改写自俾斯麦的名言——的高效公务员制度构建而成的。普鲁士王国和德国都不曾有过任何自然的边境。这个事实解释了它们反复入侵邻国的行为。在俾斯麦开始执政前，德意志事实上从未作为一个国家进行过战争。整个"德意志"团结起来发动的第一次战争是1870年的普法战争。这次战争实现了俾斯麦的所有心愿，使他的野心得到了满足。在剩余的执政生涯中，俾斯麦致力于用外交手段保护自己的"战利品"。

德皇威廉二世野心更大。另外，公正地说，威廉二世时期的德国与俾斯麦早期的德国非常不同。在俾斯麦离开政府之前，德国就已经朝城市化和工业化方向快速发展，继而在海外建立殖民地。德国凭借与英国的特殊关系[2]在非洲和大洋洲建立了殖民帝国。后来，因为统治者傲慢的愚蠢行为，德国不仅丢掉了殖民地，还被迫将阿尔萨斯和洛林归还法国。

《凡尔赛和约》要求德国解除武装，所以德国不会立即威胁法国

---

① 即卡尔·奥古斯特·冯·哈登贝格，普鲁士王国政治家。他早期的自由主义改革使普鲁士王国成为现代化大国，并为日后统一德意志奠定了基础。但他在职业生涯的后期默许了反动政策。——译者注

② 德皇威廉二世的外祖母是英国维多利亚女王。——译者注

的安全。战争和制裁造成德国国力虚弱和财政赤字。因此，德国无法偿还协约国在1921年规定的66亿英镑赔款[①]。德国的首要任务是恢复混乱的国内秩序。

1918年，一场革命在德国兴起。然而，正如我们所见，到1919年夏，这场革命逐渐被平息。与此同时，1919年6月28日，由古斯塔夫·鲍尔领导的内阁不得不承担起签订《凡尔赛和约》的重大责任。1919年7月9日，立宪大会以208票比115票的结果正式批准了《凡尔赛和约》。立宪大会的主要工作是为德国制定新宪法。1919年8月11日，立宪大会通过了新宪法。1919年9月，德国政府的办公地由魏玛变成了柏林。

---

① 很多国家揶揄赔款的数目过大。但德国曾提议，如果自己是第一次世界大战的战胜国，将向战败国索要赔款。这个数目只是当时德国提议赔款数目的三分之二。——原注

《魏玛宪法》

　　《魏玛宪法》是典型的德国产物。"躺着思考"出的宪法的每个细节都非常教条，并且很复杂。《魏玛宪法》本质上应是人们努力思考出来的成果，而不是人们政治敏感度和经验的产物。魏玛共和国仍然是联邦制的国家。尽管它保留了25个州，但比德意志帝国更集权。魏玛共和国总统是由国民直接选举产生的，任期7年，因为要听从为立法机构负责的部门的建议，所以其地位与法国总统相似，与美国总统不同。立法机构到底是两院制还是一院制成为争论的焦点。然而，除了国民大选选出的国会，还有一个由各州政府成员或由他们任命的人员组成的国会。然而，与美国各州和瑞士联邦各州一样，魏玛共和国的每个州在国会中并不能拥有相同的代表权。在立法过程中，新的国会只有"延缓否决权"①。因此，在宪法上，它与旧的帝国议会不同。新的国会由国民选举产生，但其权力受到全民公决和人民倡议的限制。全民公决和人民倡议更适合于直接民主，而非代议民主。政府建立了一个代表雇佣者和被雇佣者的

---

①　"延缓否决权"只能推迟立法。——译者注

联邦经济委员会。在结构和功能上，联邦经济委员会与意大利王国的全国企业委员会相似。

在《魏玛宪法》中，德国的民主达到了极高的水准。从文字上看，《魏玛宪法》堪称完美，但实践证明其有效性令人绝望。比例代表制限制了《魏玛宪法》的有效性。因为小党派也可以在国会中获得一定数量的议席，所以比例代表制对教条主义者和少数党派具有很大吸引力。两党制是国会、政府高效运作的重要条件。但1919年到1929年，因推行比例代表制，德国至少有10个政党执政，至少有19次内阁改组。《魏玛宪法》之所以失败，是因为德国人缺乏"政治敏感度"和学习自治技巧的经历。公正地说，当时的环境导致了德国这种国会制度的失败。

赔款和协约国间的债务

在所有问题中，赔款问题是德国需要解决的最突出的问题。1871年，俾斯麦企图"榨干"法国，但后来，他失算了。1875年，如果没有维多利亚女王、沙皇亚历山大三世和俾斯麦的君主德皇威廉一世的阻挠，俾斯麦本可以通过自己计划的另一场战争挽回之前的损失。1919年，法国又企图"榨干"德国，但也未能达成目标。失败的一部分原因是德国是英国"最好的顾客"——英国为了恢复德国的消费能力而保护德国，另一部分原因是德国故意破产。普恩加莱命令法国军队占领鲁尔区是导致德国破产的主要原因。普恩加莱的决定可以理解，但完全错误。

20年来，在法国，普恩加莱一直是非常重要的政治人物。1860年，普恩加莱在巴勒迪克出生，是典型的洛林人。他既是专业律师，也是勤奋的记者和文学家，并且热爱政治。1887年，普恩加莱成为国会代表。1908年，他成为巴勒迪克的参议员。1912年，他成为法国总理兼外交部部长。1913年，拥有丰富从政经验的普恩加莱成为法国总统。在爱丽舍宫，他做出了许多努力。第一次世界大战期间，普恩加莱努力激励法国人保持爱国热忱。他个性冷静，不屈不挠，但有

些固执，认为《凡尔赛和约》对德国来说太仁慈了。他毫不掩饰这种想法。他决心精确并准时地执行条约中的条款，以强制德国补偿其给法国造成的所有损失。英国人想要忘记被侵犯的神殿，被毁坏的教堂，成为荒野的土地、园林和果园，被无情破坏的煤矿和工厂，但法国人不会忘记。法国被破坏地区的真实损失估计超过1000亿法郎。

1921年4月，盟军赔款委员会裁定德国需要赔款66亿英镑，要求德国按年支付赔款，但德国拒绝支付。因此，协约国的军队占领了德国重要工业城市杜伊斯堡和杜塞尔多夫。于是，德国人只好妥协。在瓦尔特·拉特瑙的领导下，德国新政府成立了，由古斯塔夫·鲍尔担任副总理，并由瓦尔特·拉特瑙担任重建部部长。劳合·乔治形容瓦尔特·拉特瑙是"一个诚实的人"。瓦尔特·拉特瑙是一位富有的犹太实业家和真正的爱国人士。在国内，瓦尔特·拉特瑙没有获得完全信任，但在国外，他备受爱戴。为了满足协约国的要求，瓦尔特·拉特瑙政府做出了真诚的努力。然而，德国极端党派、旧的军事党派和共产主义者都反对签署《凡尔赛和约》。1920年3月，在柏林的德国军队总司令瓦尔特·冯·吕特维茨将军和普鲁士官员沃尔夫冈·卡普的领导下，极端党派、旧的军事党派和共产主义者试图在柏林发动政变。弗里德里希·艾伯特政府为了应对危局，下令大罢工，导致气、电和水被切断，交通服务系统瘫痪，于是，不到一周，政变就失败了。然而，一些人利用混乱的有利时机在柏林、符腾堡、巴伐利亚、鲁尔区发动叛乱。这些叛乱比人们预想得更加严重。在军队的帮助下，弗里德里希·艾伯特政府严厉镇压叛乱。军队在鲁尔区的出现违反了《凡尔赛和约》第四十三条，也就是解除武装的条款。为了报复德国违反条约的行为，法国军队暂时占领了法兰克福和美因高。法

国军队的占领行动引发了塞内加尔部队^①和德国人之间的战斗，最终造成了很多人伤亡。

因此，瓦尔特·拉特瑙领导的"温和的"政府虽然得到了广大选民的支持，但不得不同时面对来自"左派"和"右派"的敌意。与拥有智慧相比，瓦尔特·拉特瑙的政府更需要勇气去尝试"执行"某些政策。在斯帕，瓦尔特·拉特瑙政府与协约国的代表重建了关系，因此，协约国的大使决定重返柏林。对此，瓦尔特·拉特瑙政府备受鼓舞。1920年7月5日至1920年7月16日，征服者和被征服者在斯帕第一次举行了面对面的会谈。埃德加·文森特是返回柏林的协约国大使中的一员。1920年至1926年，他担任英国驻柏林大使。他为绥靖政策作出了巨大"贡献"，在洛迦诺会议上，他为绥靖政策所做的努力取得了"回报"。

在与协约国重建关系前，德国还要面对更多的困难。极端反动分子实施暗杀行动，导致德国政治系统的恢复推迟了。在被暗杀的受害者中，两位最著名的人物是1921年8月被暗杀的马蒂亚斯·埃茨贝格尔^②和1922年6月被暗杀的瓦尔特·拉特瑙。从一定意义上来讲，瓦尔特·拉特瑙被暗杀是犹太人大屠杀的预兆。在德国与苏俄的谈判中，瓦尔特·拉特瑙发挥了主导作用，并最终使德国与苏俄达成了《拉巴洛条约》。这也是瓦尔特·拉特瑙不受欢迎的原因。《拉巴洛条约》的签订在热那亚会议上引起了轰动。当时，包括苏俄在内的大

---

① 塞内加尔部队是法国军队中的一支殖民地步兵部队。法国最初从塞内加尔、法属西非招募士兵，后来在整个西非、中非和东非招募士兵。——译者注

② 马蒂亚斯·埃茨贝格尔出生于1875年，1919年至1920年担任德国财政部部长，1921年8月26日被德国右翼恐怖组织暗杀。——译者注

国参加了热那亚会议。《拉巴洛条约》是确定德国外交独立性的重要声明，同时体现了苏俄国际地位的提升。瓦尔特·拉特瑙是促进苏俄和德国建立友好关系的杰出代表，但他成了德国民族主义者的眼中钉。最终，他为《拉巴洛条约》付出了生命的代价。1922年快要结束时，德国遭受了比失去最优秀政治家更严重的打击。1922年12月，盟军赔款委员会不顾英国的反对，在普恩加莱的要求下，宣布德国在交付木材和煤矿时违约。1923年1月，法国和比利时的军队以此为理由占领了鲁尔区。鲁尔区产出德国大约80%的煤、钢和生铁，还为德国铁路贡献了70%的货物和煤炭运输。德国决定暂停向法国和比利时王国支付赔款。德国还命令鲁尔区的居民消极抵抗侵略者。于是，法国解雇鲁尔区的公务员，监禁矿主和主管，并驱逐了鲁尔区居民近15万人。法国的应对措施没能使鲁尔区工业机制恢复正常运转。在矿业和运输业方面，代替德国工作人员的法国人做得很差。法国尽管毁坏了德国的工业，但获利甚微。

施特雷泽曼

1923年8月，成为总理的施特雷泽曼接手政府时，德国的情况已明显得到改善。他是啤酒制造商家族的成员，是典型的资产阶级自由主义者。资产阶级自由主义是形成现代德国的真正的政治和经济支柱。施特雷泽曼支持君主制，也完全赞同德国的帝国主义政策。然而，战后，他欣然接受战败的结果，并努力缓和国内外的矛盾。柏林的法国军队让施特雷泽曼感到担心。他眼看着德国的经济和工业一天天陷入深渊。施特雷泽曼目睹了工人甚至教授、职员、退休老人和靠利息吃饭的中产阶级因通货膨胀而遭受的苦难。他认为鲁尔区的消极抵抗是自杀式行为。1923年9月26日，在施特雷泽曼的主张下，政府宣布放弃消极抵抗。然而，极端民族主义者恶毒地攻击施特雷泽曼的内阁。1923年11月，施特雷泽曼辞职，但改任外交部部长。直到去世，他一直在政府工作。施特雷泽曼为德国乃至欧洲都作出了巨大贡献。

英国一直不赞成法国军队占领鲁尔区，也不认为这是一个好办法，并且质疑占领的合法性。法国国内对普恩加莱的支持也逐渐变弱。1924年5月，法国的左派联盟在大选中获得了大多数选票。普恩

加莱辞去了总理之职，政府由爱德华·赫里欧接管。美国政治家查尔斯·盖茨·道威斯担任德国财政和赔款问题专家委员会主席。普恩加莱认可了道威斯对整个赔款问题的提议。德国财政和赔款问题专家委员会主席将面临德国货币系统混乱的事实。德国外币兑换率从1920年的254马克①兑换1英镑下跌到1923年1月的83 000马克兑换1英镑。1923年10月，外币兑换率甚至跌到180亿马克兑换1英镑。

德国是否有过还款的意愿有待商榷。但可以确定的是，法国军队占领鲁尔区使德国国力衰退，并丧失了还款能力。如果再无国家帮助德国恢复经济，那么德国的债主可能就要不回欠款了。1924年4月，"道威斯计划"提出德国偿还的赔款应从最初的5000万英镑逐年递增。到第五年，赔款增至12 500万英镑。为了使赔付顺利进行，德国将立即获得一笔4000万英镑的外国贷款。其中，美国拿出了绝大部分贷款。1928年，埃德加·文森特确实说过，在过去几年，德国从美国得到了至少3亿英镑的资助。这是美国在德国受欢迎的一部分原因。在"道威斯计划"的安排和上述资助下，从1924年到1929年，德国共支付了4亿英镑赔款。因此，德国人燃起了最终能解决赔款问题的希望，他们认为占领鲁尔区和莱茵兰的法国军队和比利时军队也可能很快撤出德国。

1924年底前，法国和比利时最后的部队已撤出鲁尔区，但占领莱茵兰是《凡尔赛和约》明确规定的。在1928年的洛迦诺精神的影响下，针对提早撤离莱茵兰的问题，协约国与德国展开了谈判。同

---

① 马克是德国自1914年8月4日起发行的货币，2002年7月1日起被欧元取代，停止流通。——译者注

时，协约国委托了一个专家委员会为赔款问题设计"一个完整而又明确的解决方案"。

1929年6月，另一位美国金融家欧文·D.扬组织专家委员会做了报告。对于赔款的分配问题，协约国之间产生了矛盾。但1931年开始的经济危机马上使所有国家都无钱赔款。对此，美国总统赫伯特·胡佛提出德国可以延期一年支付所有赔款的建议。这个建议基本消除了协约国对德国赔款问题的质疑。德国"债主"的债务转移到美国名下这一解决方案令人满意。1932年6月，洛桑会议决定豁免德国的债务。

然而，协约国并没有继续执行胡佛提出的解决方案。早在1922年8月，阿瑟·贝尔福——当时暂时负责英国外交部工作——就以政治家的风范尝试将协约国欠英国的债务和英国欠美国的债务联系起来。英国的负债达9.2亿英镑，比协约国对英国的负债（20亿英镑）的一半还要少，但英国主张赔款与战争债务一并勾销。美国和协约国都不同意这个主张。美国从该主张中看出了英国隐晦蔑视自己是"冷酷无情的高利贷者"的态度。

博纳·劳为了与美国清算债务做了更进一步的尝试。1922年12月，博纳·劳派鲍德温前往华盛顿。鲍德温同意英国在前10年以3%的基准利率偿还债务（每年3300万英镑），1933年至1938年每年支付3800万英镑（3.5%的基准利率）。英国人热烈庆祝鲍德温带回的"清算方案"，但博纳·劳并不赞成这个方案。庆祝的欢呼声也没能撑到美国终止所有赔款。1932年12月，英国用黄金按时还了债。但在混乱中，法国和其他大多数借款国完全违约。然而，到了1933年，英国只是用白银象征性地还债。美国拒绝接受象征性的还债作为避免违

约的一种方式。因此，自1934年起，英国没有再给美国还债。此举仿照了美国南北战争时期邦联向英国借款的行为。

1928年，协约国就莱茵兰撤兵问题进行谈判。最终，谈判取得了令人欣慰的结果。1930年6月，最后一支协约国部队从莱茵兰撤离。撤离的时间比原计划的时间早了近5年。因此，法国结束对莱茵兰的占领虽然是巧合，但实际上与协约国终止向美国赔款同时发生。

建立莱茵兰共和国的构想

在结束上个话题之前，我们要提到法国再次尝试在东部边境修建防御工事一事。《凡尔赛和约》否决了法国的主张。之后，美国的《三方货币稳定协议》[①]也否决了法国的主张。

在法国和德国之间建立"中间王国"的想法并不新鲜。在843年签订的《凡尔登条约》中，上述想法构成了查理大帝的三个孙子分割加洛林帝国的基础。15世纪，"大胆查理"[②]将勃艮第公国发展成了一个强大的国家。卡斯尔雷子爵为荷兰王国提出的有政治家风范的设想部分实现了建立"屏障王国"的理想，但1815年合并的荷兰和比利时于1830年解体。亨利·约翰·坦普尔·帕麦斯顿如果能预见1914年和1939年的情况，也许就会犹豫是否去破坏卡斯尔雷子爵的设想了。

法国1923年的谋划既没有卡斯尔雷子爵的谋划那么谨慎，也没有"大胆查理"的谋划那么有野心。人们不断争论法国是否会自发采取

①　1936年9月，美国、法国和英国签订的一项国际货币协定，旨在稳定各国国内和国际外汇市场的货币。——译者注
②　勃艮第公爵，1477年战死。人们为了表达遗憾之情而称他为"大胆查理"。——译者注

一些建立"莱茵兰共和国"的措施。1923年10月25日，科布伦茨共和国宣布成立。1923年10月31日，亚琛共和国宣布成立。几乎在同一时间，莱茵兰地区其他城市也宣布成立共和国。在被比利时军队占领的地区，分裂分子的政变几乎立即失败。巴伐利亚的巴拉丁领地的局势更加严峻。英国反对巴伐利亚独立，而法国承认巴伐利亚独立。1923年10月24日，巴伐利亚籍官员被停职，大约19 000名巴伐利亚人被驱逐出境。一帮流氓和有犯罪前科的人进入莱茵兰，以雇佣兵的形式支持分裂分子的政变。但大多数莱茵兰人反对政变。法国政府撤回了支援分裂分子政变的军队。这一行为破坏了协约国军队的声誉。直到1924年2月末，整件事才完全结束。[①]

对魏玛共和国来说，更严峻的情况是巴伐利亚的一场政变[②]。这场政变即使不是分裂行为，也是对柏林的明确挑衅；即使不是君主主义的行为，也是对议会制共和国的反对。埃里希·鲁登道夫将军是这场政变的支持者。政变的起因令人困惑。政变最终失败了，但这场政变让人难忘的原因是，其间，一位年轻的奥地利画家崭露头角。他就是积极组织德国工人党的希特勒。希特勒提议进军柏林，并建立希特勒-鲁登道夫专制政府。但在慕尼黑街头的战斗中，希特勒没能上演英雄戏码，反被逮捕，并被判处了5年监禁。在狱中，他利用空闲时间写出了《我的奋斗》。被监禁8个月后，希特勒被释放。

[①] 关于莱茵兰共和国运动，有趣的事是，塞巴斯蒂安·哈夫纳提出，德国应该由一个"独立并有民族意识的莱茵兰"（《德国：费基尔和海德》，1940年，第307页）组成，这一地区包括萨尔、莱茵普鲁士、黑森和巴拉丁领地。——原注
[②] 即慕尼黑政变，是1923年11月8日至11月9日，希特勒和埃里希·鲁登道夫等在巴伐利亚的慕尼黑发动的政变。该政变以失败告终。——译者注

《洛迦诺公约》的签订

虽然法国军队对鲁尔区的占领立即摧毁了德国的经济和工业，但埃德加·文森特质疑，从长期看，其所造成的不幸是否如德国人当时认为的那么严重："在重整旗鼓的过程中，德国是否必定经历一次严重的危机？"不管怎样，这场危机都帮埃德加·文森特准备好了通向洛迦诺的路。同时，这场危机也为希特勒播种纳粹思想的土地施了肥。

埃德加·文森特和施特雷泽曼在柏林期间，就讨论了《洛迦诺公约》的精神。与此同时，奥斯丁·张伯伦担任英国外交大臣，施特雷泽曼担任德国外交部部长，白里安担任法国外交部部长。上述任命是一件幸运的事。从1909年至1929年，白里安11次担任法国总理。他是法国6位"温和派"国会议员之一。1929年，随着白里安辞去总理职务，其他5位"温和派"国会议员也选择了辞职。毫无疑问，1924年至1929年是白里安政治生涯中最辉煌的阶段。这个时间段正好与奥斯丁·张伯伦在英国外交部的任期相吻合。从法国军队对鲁尔区占领结束到经济危机开始，这段时期是欧洲两次世界大战之间的一个"明亮的间隙"。

在协约国一系列的努力失败后，协约国签订了《洛迦诺公约》。《洛迦诺公约》的目的是填补《国际联盟盟约》的漏洞。《共助条约草案》是协约国做出的最重要的努力。它试图将反侵略的主要保障与给予受害国军事援助的限制性义务相结合。为了英国的利益，麦克唐纳反对《共助条约草案》。英国在每个大洲都有属地，所以《共助条约草案》给英国增加了不成比例的负担，并使英国海军任由国际联盟理事会处置。因此，英国自治领也反对《共助条约草案》。于是，协约国最终放弃了《共助条约草案》。

1924年10月，国际联盟采纳了《日内瓦议定书》。这是国际联盟的再次尝试。《日内瓦议定书》的目标是通过完全禁止侵略战争，从而修复"《国际联盟盟约》使世界和平出现的一些裂痕"。它提出通过加重"制裁"的方法阻止侵略并惩罚侵略者。它还主张通过扩大国际司法永久法庭的强制管辖权去实施大规模裁军。英国言行一致地支持《日内瓦议定书》的主张。正如奥斯丁·张伯伦在日内瓦指出的那样，英国"不仅宣传解除武装的思想，而且将武装力量削减到仅能保护国家安全的临界点"。但英国认为《日内瓦议定书》没能提出解除武装的最佳方案，因此拒绝拥护《日内瓦议定书》。"《日内瓦议定书》对制裁的重新强调，为了实施制裁所发现的新情况和军事程序的规定，都不知不觉地表明了这样一种想法，即促进友好合作和恰当地管理国际事务都不是对国际联盟至关重要的事。国际联盟要通过组织战争，甚至可能是大规模战争的方式，来保护和平。"与奥斯丁·张伯伦一样，托尼·劳埃德对《日内瓦议定书》也没有好感。他用一句有个性的话表达了自己的观点："对英国来说，仲裁是一个陷阱。"

协约国放弃了《日内瓦议定书》。

之后，协约国进行了第三次尝试。在洛迦诺，英国、法国、德国、比利时王国和意大利王国缔结了一系列条约。《洛迦诺公约》明确了德国和法国及德国和比利时王国之间的边境。这5个国家"集体和各自"保障上述边境不受侵犯。

德国承诺不向法国和比利时王国发动战争；法国和比利时王国同时承诺不向德国发动战争。当有国家发动实际的侵略或公然违反非军事区的规定时，国际联盟理事会要决定是否必须立即采取行动。除此之外，国际联盟理事会还要判断是否有国家违反《洛迦诺公约》。在有国家违反《洛迦诺公约》的情况下，保护国承诺立即帮助受害国。但国际联盟理事会要立即寻找解决问题的方案。在征得各方——除了侵略方——同意后，国际联盟理事会再做出决定。《洛迦诺公约》的签约方承诺按照国际联盟理事会的决定采取行动。然而，《洛迦诺公约》特别提出，如果没有英国自治领和印度的明确同意，国际联盟理事会不会强加给英国自治领和印度任何义务。德国分别与比利时王国、法国、波兰共和国及捷克斯洛伐克共和国缔结了仲裁协议。法国、波兰共和国和捷克斯洛伐克共和国也承诺遵守它们与德国之间的协议。《洛迦诺公约》规定英国只需要在西方世界履行特殊义务。在洛迦诺，协约国协商好了条约的内容。1925年12月1日，协约国在伦敦签订了《洛迦诺公约》。1926年，协约国将《洛迦诺公约》呈递给国际联盟。1926年，德国加入国际联盟，并拥有了国际联盟理事会的永久席位。

欧洲对《洛迦诺公约》的即刻反应证明了奥斯丁·张伯伦之前的断言。奥斯丁·张伯伦认为《洛迦诺公约》是战争年代与和平年代的真正分水岭。从《洛迦诺公约》签订到1929年施特雷泽曼去世之间的

4年让人期待和平。1914年之后，没有任何时期像这4年这般。1925年，奥斯丁·张伯伦被授予诺贝尔和平奖。1926年，施特雷泽曼和白里安被共同授予诺贝尔和平奖。在这三位政治家的政治生涯中，《洛迦诺公约》签订后的几年是他们政治生涯的巅峰。1929年，施特雷泽曼去世。1932年，白里安去世。奥斯丁·张伯伦在英国议会的影响力从未如此之高，但自1929年起，他还是辞去了职务。1937年，奥斯丁·张伯伦去世。英国人沉痛地哀悼他。

值得一提的是，白里安对《洛迦诺公约》没有感到满足。1927年，他向美国提议缔结条约，并且认为在条约中，法国和美国应宣布放弃将战争作为政策工具。美国国务卿弗兰克·B.凯洛格提议，条约的内容不应只限于法国和美国，条约应是多边的。由于条约的目的是消除战争，凯洛格提议条约应尽可能增加消除战争带来的好处。1928年8月27日，包括德国在内的15个国家签订了《凯洛格-白里安公约》。在《凯洛格-白里安公约》中，这15个国家谴责援引战争作为解决国际纠纷的方法。它们宣布放弃使用战争作为处理它们彼此关系的国策，并同意对它们中可能产生的所有纠纷或矛盾的处理与解决绝对不能寻求除和平方法以外的方法。在短时间内，至少54个国家表示它们拥护《凯洛格-白里安公约》。苏联也是拥护《凯洛格-白里安公约》的国家之一。但《凯洛格-白里安公约》只不过代表了一个美好的愿望，它没有制订任何可执行的方案，也缺少永久性组织。不止一个国家——包括英国——有条件地支持《凯洛格-白里安公约》。此外，《凯洛格-白里安公约》没有制定任何制裁措施。因此，它还不如《国际联盟盟约》。美国和苏联没有加入国际联盟，但签订了《凯洛格-白里安公约》。

这些看似正确的努力没能对国际局势产生实际影响。白里安也未能如愿建立欧洲联邦。

1932年3月7日，白里安与世长辞。他算不上了不起的政治家，因为他过于理想主义。他对法国不够深情，因为他爱整个欧洲。他不是真正意义上的爱国者，因为他将太多的思想和精力放在了维护世界和平上。

去世前，白里安悲伤地看到欧洲上空再次乌云密布。一小片蓝天已经消失，暴风雨马上就要来了。

第 8 章　　CHAPTER Ⅷ

· 地中海问题
· 法西斯意大利

The Problem of the Mediterranean

Fascist Italy

地中海诞生并孕育了地中海文明。直到15世纪，奥斯曼帝国对地中海的征服和当代地理学的复兴，使地中海文明长久以来的重要地位被剥夺。从15世纪开始的4个世纪里，曾作为贸易高速通道的地中海变成了一潭死水。在大西洋彼岸的城市眼中，那些分布在这片潮汐强度较弱[①]的大海沿岸的城市已辉煌不再。

---

① 地中海潮汐强度较弱的原因与半封闭的地理结构、水体交换受限有关。——译者注

苏伊士运河

19世纪，地中海的重要地位恢复了。1869年，一项对世界贸易和世界政治都有重要意义的工程完工。1869年11月17日，"68艘轮船组成一支声势浩大的队伍，法兰西帝国游艇'鹰'号载着欧仁妮皇后，在'鹰'号游艇的引领下，轮船队伍穿过了总长85英里的苏伊士运河"。这项丰功伟绩不只属于斐迪南·德·雷赛布一个人，也属于整个法国。实际上，从路易十四时代起，法国人就有一个想法——他们想通过切断苏伊士地峡连接地中海和红海，这个想法是拿破仑埃及计划中的一部分。在拿破仑三世的支持下，法国开始建造苏伊士运河。英国冷眼旁观苏伊士运河的建造，并拒绝为工程捐助一分钱。亨利·约翰·坦普尔·帕麦斯顿、乔治·维利尔斯和当时的其他政治家都坚持反对苏伊士运河工程。这些英国政治家利用自己在君士坦丁堡的所有影响力诱使奥斯曼帝国苏丹阿卜杜勒-阿齐兹一世停止支持该运河工程。

本杰明·迪斯累利[①]是最初的反对者之一。当苏伊士运河开通后

---

① 本杰明·迪斯累利（1804—1881），英国保守党政治家、作家，两次担任首相，也是迄今为止唯一一位犹太裔英国首相。——译者注

1869 年，苏伊士运河通航
绘者信息不详，绘于 1869 年

显现出对英国商业和战略的重要性时，执政后的迪斯累利立即为英国在苏伊士运河公司争取了很大一笔股票，尽管股票的数目不占绝对优势。1875年，挥霍无度的埃及总督伊斯梅尔帕夏持有总数40万股中的176 600或176 500股。迪斯累利的许多同事反对他购买股票，但在维多利亚女王的支持下，迪斯累利从罗斯柴尔德家族①获得了一大笔贷款。他用400万英镑购买了伊斯梅尔帕夏的股票。随后，股票的价

① 1760年，德意志犹太裔银行家迈尔·阿姆谢尔·罗斯柴尔德经营银行业务，积累了大量财富。他的5个儿子将家族业务拓展至巴黎、伦敦、法兰克福、维也纳和那不勒斯。罗斯柴尔德家族成为国际性的银行世家。19世纪，该家族是世界上最富有的家族。——译者注

135

值就超过了5000万英镑，并且每年获得超过150万英镑的利息。比利时国王利奥波德二世形容迪斯累利办成的是"现代政界最了不起的事"。毫无疑问，英国购得大量苏伊士运河公司的股票是有重大意义的政治事件。苏伊士运河极大地方便了英国、英属印度、马来亚和大洋洲的英国自治领之间的个人、政治和贸易交流。在第一次世界大战期间，德国承认苏伊士运河是英国的"神经中枢"。在盟友奥斯曼帝国的帮助下，德国还曾不遗余力地试图控制苏伊士运河。

人们不能确定亨利·约翰·坦普尔·帕麦斯顿在反对建造苏伊士运河时，是否展现了政治家的本能。从15世纪末开始，人们发现了通向美洲和印度的新航道。于是，历史进入了新阶段。苏伊士运河的开通从某种程度上扭转了历史的进程。地中海重新成为高速贸易通道。英国只要能驻守苏伊士运河，就将一直受益。但地理和历史同时提醒我们，在地中海这片狭窄的水域上，三大半岛^①互不相容。

---

① 即伊比利亚半岛、亚平宁半岛和巴尔干半岛。——译者注

法西斯意大利

　　意大利王国占据了地中海的中心位置。1870年，苏伊士运河开通一年后，意大利军队"进入罗马"。这标志着意大利统一正式完成，意大利实现了统一。但自1871年以来，意大利的历史进程就不再一帆风顺。可能如人们所说，意大利统一的速度过快了。意大利王国模仿英国的议会制度，但并未做好采用议会制度的准备。许多意大利人后悔吞并小的王国和公国。他们厌恶因统一而产生的重税，痛恨中央政府和地方政府普遍存在的腐败。意大利王国企图实现殖民扩张的野心，但失败了。这更进一步激发了意大利国内的不满情绪。在处理外交事务上，意大利王国的反应也不机敏。俾斯麦企图煽动意大利王国与法国对立。1881年，俾斯麦鼓励法国人在突尼斯建立保护国。1882年，他促使意大利王国与德国和奥匈帝国组成了三国同盟。但当时，意大利王国与奥匈帝国的对抗很激烈。尽管意大利人在突尼斯的人数超过法国人，正如他们在埃及的人数超过英国人一样，但只有牺牲奥匈帝国的利益，意大利才能得到属于自己的领土。

　　在1915年的《伦敦条约》和1917年得到补充的《圣让-德莫里耶讷协定》中，协约国曾对意大利王国许下诺言。最终，1915年，意

大利王国为了这些谎言加入了第一次世界大战。在第一次世界大战中，意大利王国与奥匈帝国开战。战后，意大利王国并非空手而归，但它不满足于得到的战利品。相反，意大利王国认为英国与法国不讲信用。对此，意大利人深感愤怒，从而引发了政局动荡。其间，法西斯运动发生了。

1922年10月28日，法西斯党进军罗马标志着法西斯主义的兴起。法西斯主义者称他们的运动不针对国王、军队、警察、资本家及在土地上和办公室里工作的人们，只针对政客。他们宣称政客们一无是处，他们用了4年时间证明自己没有统治能力。

在关键时刻，意大利国王维托里奥·埃马努埃莱三世插手了。他拒绝宣布罗马处于被包围的状态。他同意墨索里尼掌权，并命墨索里尼组成新内阁。在新内阁里，墨索里尼创立的国家法西斯党代表除了反民族主义的党派外的所有党派。1922年11月，墨索里尼向议会索要紧急改革方案的独裁权，以此获得权力。1922年12月，罗马的法西斯军队被解散。

墨索里尼重复朱塞佩·马志尼[1]的话："自由不是一项权利，而是一份责任。"英国人理解的"自由"在意大利王国无疑受到了压制：独裁统治代替了议会制民主；政府封锁媒体的言论；议会毫无作用了；新选举方法不过是代表政府的滑稽作品；政府制订了详尽的选举方案，但所有权力都集中在法西斯大议会和首相手中。

事实上，法西斯是帝国主义、民族主义和组合主义的奇怪结

---

[1] 朱塞佩·马志尼（1805—1872），意大利革命家、作家、民族解放运动领袖。——译者注

合体。墨索里尼几年前说："你们称我们是'帝国主义者'，这也好。帝国主义是亘古不变的法则。帝国主义是对扩张的自然需求、欲望和意愿的体现。每个个体和有男子气概的人都具有对扩张的自然需求、欲望和意愿。"在巴黎和会上，自私的老牌殖民国家禁止意大利王国殖民扩张，但意大利王国有殖民扩张的需要和意愿。极端民族主义是法西斯信条的核心，国家地位在所有国民地位之上。国家由各阶层组成，国家尊重雇佣者的资本和被雇佣者劳动的权利——为了本国的利益而不是其他国家的利益，同时要求雇佣者和被雇佣者为了共同利益步伐一致。

法西斯信条规定政治地位低于工业地位。因为政客没有接受过工业技巧的培训，所以墨索里尼认为政府不能将工业政策的控制权委托给政客：现代贸易的行为、大批手工业劳动者的雇佣、原材料的购买、制成品的市场、机械的改进——所有这些问题需要经过高水准培训的专家来解决，而政客一定不能干预这些专家的决定；政客可能怀着好意，但缺乏经验。

墨索里尼执政后的第一项任务是统一国家的宪法机制与法西斯思想。他向国王维托里奥·埃马努埃莱三世表明了法西斯党对萨沃依王室的忠诚，并对国王宣誓："我相信我在解释议会多数人的想法。在国家所有事务中，我都会忠诚地听取陛下的意见。陛下拒绝采用无效的保守措施，阻止了内战爆发，并且允许法西斯主义的巨浪流入议会制国家干涸的血液中。"

墨索里尼不尊重"议会制国家干涸的血液"。他领导的政府不再为一个颓废的议会负责。所有大臣的地位都低于墨索里尼。1928年，维托里奥·埃马努埃莱三世颁布《皇家法令》。在《皇家法

令》中，维托里奥·埃马努埃莱三世任命墨索里尼为"政府首脑、首相和负责外交事务、陆军事务和海军事务的大臣"。墨索里尼很可能与路易十四一样宣称"朕即国家"。1922年11月，他通过法令获得了议会的立法权。1928年，意大利王国通过新选举法案。法案将选举权从普通人手中转移到了代表"国家生产力"的财团手中。1929年，整个意大利王国作为一个选区在法西斯大议会提交的400位候选名单中进行选择。议会的权力一点点被限制。1938年12月14日，废除上议院的法案通过，上议院被政务议院代替。下议院可以继续存在，但只遵从墨索里尼的意愿。

新的政务议院适当地肯定了组合主义国家权威的合法性。组合主义国家不仅涉及工业结构的彻底重组，涉及资本家、脑力劳动者、体力劳动者和消费者之间关系的彻底重组，还涉及国家与工业、农业、商业、贸易及各种相关活动之间关系的彻底调整。

之后，组合主义国家基本都建立在上述规则之上。1925年10月15日缔结的《维多尼宫协议》和1927年4月21日发布的《劳动宪章》为组合主义国家确立了规则。隶属工会的工人和雇主联合会一致同意或被迫承认代表他们的各个组织的最高权力。《劳动宪章》定义了雇佣者和被雇佣者之间的关系，还定义了雇佣者、被雇佣者与国家之间的关系。

然而，尽管国家是至高无上的，并且所有级别的工作都是国民为国家应尽的社会义务，但发挥个人的能动性依然是获取行业利益和实现国家福祉的最佳手段。

针对组合主义国家，人们产生了许多疑问，但很难找到这些问题的答案。组合主义体制是否为工人提供了更好、更高的生活标准？组合主义体制是否为工人提供了更高的薪水和更有规律的雇佣关系？组合主义体制是否真的改善了劳资关系？用职业代表代替地方代表是否建立了更好的政府？而在所有问题中，有一个更难也更值得探寻的问题：现实中，组合主义国家能存在多久？这些问题的答案是积极的还是消极的取决于回答者的政治思想。

教会和国家

对于墨索里尼和梵蒂冈教廷之间的关系，人们没有那么多的争议。弗朗西斯科·克里斯皮[①]曾说："唯一一位有希望能永垂不朽的政治家就是能够成功使意大利国王和教皇达成一致意见的那个人。"加富尔伯爵热切地希望实现这个目标。为此，意大利国王维托里奥·埃马努埃莱一世也认真地努力过。然而，只有墨索里尼达成了目标。

现代意大利的教会和国家问题要追溯到撒丁-皮埃蒙特国王为意大利的统一挺身而出之时。随着意大利的统一，撒丁-皮埃蒙特王国的法规成为意大利王国的法规。联合议会通过的第一批法律，其中之一是1871年5月的《保障法》。《保障法》从实质上承认并保障了梵蒂冈的完全独立、教皇本人的权力及他自由行使其精神职能的权利。但教皇认为，教皇未签字的《保障法》不符合其主权权利。尽管《保障法》的条款很慷慨，但教皇还是拒绝承认《保障法》的有效性。更重要的是，教皇颁布"不驱逐"禁令，禁止意大利王国的天主

---

① 弗朗西斯科·克里斯皮（1818—1901），意大利爱国者和政治家，从1887年到1891年及1893年至1896年两次担任意大利总理。——译者注

142

教教徒接受公民的基本权利和履行公民的基本义务。意大利王国的天主教教徒不能为议员投票，也不能接受议会或政府的职位。但事实上，"不驱逐"禁令并没有有效控制意大利王国天主教教徒的行为。

意大利天主教教徒开始无视"不驱逐"禁令的要求，更活跃地进入政界。教皇逐渐放松禁止天主教教徒参政的禁令，尤其在1903年到1914年庇护十世担任教皇期间，"不驱逐"禁令更加宽松。1913年，教皇庇护十世废除"不驱逐"禁令。

1887年，意大利王国废除什一税[①]。1890年，为教会捐款的机构开始接受国家管理。国家接手了所有教堂财产，但每年向教会基金投入近100万英镑。在缔结《拉特兰条约》之前，意大利国王和教皇达成了一致。《意大利王国民法典》规范了民事婚姻程序，但如果人们有需要，婚礼也可以有宗教仪式。在基础教育方面，意大利王国和教皇也达成了一致。如果家长不要求地方政府对孩子进行宗教教导，地方政府则不需要提供宗教教导。但事实上，大多数神父都会频繁地给予孩子宗教上的教导。

第一次世界大战本来有可能破坏意大利王国和梵蒂冈教廷的关系，但由于意大利国王和教皇的政治谋略，双方的关系没有恶化。比洛虽然遇到很多困难，但依然提升了教皇的地位。临近第一次世界大战，他在罗马宣布意大利王国已经决定使教廷正常化。结果，在战争期间，意大利王国出现了大量关于失败的煽动言论。意大利神父参与传播了这些煽动言论，但教皇没有支持这些言论。

---

① 常指犹太教和基督教的宗教收入。也指欧洲封建时代，教会向成年教徒征收的宗教税。——译者注

法西斯主义兴起后，墨索里尼在许多小事上都表现出急于与神职人员和解的态度。1926年，为了找到教会问题、国家问题的全面解决方案，墨索里尼提议与教皇庇护十一世展开谈判。可能是墨索里尼和教皇庇护十一世的某种心理亲密感使然，谈判顺利完成。教皇庇护十一世写道："要解决这个问题，可能就必须有一个'敢于攀登阿尔卑斯山脉'的教皇。一方面，教皇要习惯面对最费力的'登山路'，还要如一位图书管理员一般，习惯从最深刻的角度研究历史和文献。另一方面，教皇应极具天赋，并对自由学派的政治家没有偏见……"国家和教会的长期争端一直都严重损害着政治事业和宗教事业的发展。"让我们结束这种损害，让好人聚在一起，让我们不再割裂善良的意大利人的忠诚。"

1929年，解决方案的制订实现了上述愿望。解决方案由三部分组成：一份政治协议、一份财政协议和一份宗教协议。1929年2月11日，在拉特兰宫，枢机主教恩里科·加斯帕里、国务枢机卿加斯贝利和墨索里尼签订了《拉特兰条约》。1929年6月7日，梵蒂冈教廷正式批准了《拉特兰条约》。1929年12月，维托里奥·埃马努埃莱三世和王后埃莱娜正式访问了教皇庇护十一世。同月，教皇庇护十一世访问了拉特兰圣约翰大教堂。

政治协议由27项条款组成。意大利王国重申了罗马天主教是国家的唯一宗教。政治协议认可了教廷在国际上至高无上的权力，承认教廷在梵蒂冈的完全所有权、最高统治权、至高无上的权威和仲裁权。用教皇自己的话说，这个独立的国家仅拥有"当下可见权力所必需的最少领土"。在这点上，数据很有说服力。1860年前，教皇国还未发生变化。当时，教皇国由20个省组成，拥有16 000平方英里的土地和超过300万的人口。1860年后，"圣彼得的教会遗产"只留给教皇5个省和68万人口。1929年，梵蒂冈缔结《拉特兰条约》。此时，梵蒂冈的土地大约有108英亩，拥有528名居民。但梵蒂冈教廷还拥有位于罗马不同地区的13座建筑，并且这些建筑享有境外特权。

之后，意大利王国和梵蒂冈教廷缔结了更细化的条约。条约涉及教廷的外交特权和永久中立的梵蒂冈的经济和主权独立。

最后是关于国家的问题。梵蒂冈教廷宣布："我们已经明确解决了罗马问题。"它承认了在萨伏依王朝统治下，以罗马为首都的意大利王国。

在财政协议中，梵蒂冈教廷接受了75万里拉[①]的现金和利率为5%的10亿里拉意大利王国债券。财政协议取消了梵蒂冈教廷对意大利王国的所有索赔要求。然而，用教皇的话说，宗教协议为财政协议提供了解释、分辩和建议。宗教协议和财政协议不可分割并息息相关。

意大利统一以来，神权和世俗权力产生了许多难题。宗教协议从微小的细节处理了每个难题。国家确保天主教教堂自由行使精神权利，并自由、公开行使神权和对神职事宜的仲裁权。国家保证考虑到"永恒之城"罗马是教皇的主教教区、天主教世界的中心和朝圣目的地的神圣性，……使罗马不再有与这些特点不相符的任何事物。……忏悔室的秘密要被国家尊重。"犯了罪的神职人员要受到国家的审判"成了神圣罗马帝国亨利二世时代人们熟知的短语。国家可以给犯罪的神职人员判刑或给予其他方式的特殊处理，但要保证将宗教法官

---

① 里拉，货币单位名称。它曾是意大利、马耳他、圣马力诺和梵蒂冈的货币。——译者注

的处罚结果告知神职人员。国家承认婚姻的神圣性，宗教根据教规管理人们的婚姻。这与国家为了民事目的承认婚姻的合法性相似。在教育问题上，国家同意将已经在小学普及的宗教教育扩展到中学，由神父或神职人员进行宗教教育。得到宗教法官认可的人们可以补充宗教教育。所有神学院和培训神职人员的学院只受教廷管理。

墨索里尼大量补充了最终的宗教协议内容。他戏谑地称"补充"为"辩证地调整"。在解决历史问题的过程中，这种补充不可避免。只有历史能说《拉特兰条约》是否解决了历史问题。同时，所有善良的意大利人都希望墨索里尼不要成为戴克里先①，而要成为另一个君士坦丁大帝。

---

① 戴克里先（244—312），罗马帝国皇帝。他结束了罗马帝国的30年危机，建立了四帝共治制度。他将罗马帝国一分为二，其中东部发展成存在近千年的拜占庭帝国，西部存在了200年即灭亡。他是一位富有争议、十分神秘的历史人物。——译者注

外交关系

　　历史如何评价这位意大利王国独裁者追求的外交政策呢？不可否
认，墨索里尼的外交政策一直都让人气愤。他派军队占领科孚岛、埃
塞俄比亚帝国、阿尔巴尼亚王国，并支持西班牙内战。在每个事件
中，墨索里尼的行为都能引来批评家的责骂。

　　意大利王国的外交政策大体上由地理条件决定。几年前，墨索
里尼说："整个意大利都在海上。"1922年，在华盛顿会议上，阿
瑟·贝尔福重复了墨索里尼的话："意大利不是一个岛。但就争论海
军武装的目的来说，意大利几乎可以算作一个岛。我怀疑，如果它的
海上贸易被切断，它能否养活自己，或者自给自足，或者继续作为一
个能有效战斗的个体。"当墨索里尼说"意大利是地中海的一个囚
徒"时，他表达的是相同的意思。事实上，意大利海岸线漫长，这里
缺少金属和矿产，但人口多。因此，本就稀少的当地资源难以维持大
量人口的生活。意大利王国还有一个劣势，即虽然它年轻又充满活
力，但人民的社会意识相对滞后。

　　在统一过程中，意大利王国欠了英国和法国一笔巨债。意大利
王国进行改革后，与之前意大利王国重视其与英国和法国的友谊一

样，英国和法国也开始重视与意大利王国的友谊。现在，意大利王国明显陷入了威胁英国船舶地中海通行权的尴尬境地，同时威胁着法国与其北非领地的交流。自1904年起，《英法协约》就在稳步改善英国与法国的关系。后来，1911年，法国和德国缔结了关于摩洛哥王国地位的条约。意大利王国不能不关心上述问题。

1911年9月，意大利王国决定改变地中海这种有威胁性的平衡。意大利王国向奥斯曼帝国宣战，并占领了的黎波里。奥斯曼帝国解体的过程中，在1904年的《英法协约》和1906年的阿尔赫西拉斯会议中，英国和法国默许了意大利军队占领的黎波里。1911年秋，意大利军队轻而易举地占领了的黎波里的沿海城镇。1912年春，意大利占领了罗得岛和多德卡尼斯群岛。后来，不幸的奥斯曼帝国遭受新形成的巴尔干同盟的攻击，只能被迫与意大利王国达成协议。意大利王国企图将的黎波里打造成一个模范殖民地，投入了大量资金建造道路、试验农场、政府大楼和其他公共工程。它还希望安顿定居者。为了给定居者提供一个适宜居住的居所，意大利王国投入大量资金建造了教堂、学校、联营的商店和其他便民公共设施。但意大利王国的建设进程不够迅速。土耳其人倾尽全力抵抗意大利人的侵略。多年来，在昔兰尼加，意大利人不断与塞努西人打仗。意大利人还不得不小心防范利比亚东部边境和西部边境可能出现的危险。

意大利军队对罗得岛和多德卡尼斯群岛的占领，从某种程度上补偿了它没能得到士麦那的损失。意大利王国占领多德卡尼斯群岛以阻止希腊人进入意大利王国。这些问题将带领我们进入被风暴席卷了的近东地区。让我们来接着思考巴尔干半岛问题。

· 近东问题
· 复活的民族主义

The Problem of the Near East

Resurgent Nationalism

复活的民族主义

从远古时期开始，欧洲就不得不面对东方问题。但在不同时期不同阶段，这个久远的问题会以不同形式呈现。在最近的一段历史时期，东方问题的突出特点是，欧洲土地上诞生了一个与其他国家完全不同的帝国——奥斯曼帝国。奥斯曼帝国曾征服了巴尔干半岛上的国家，后来，它逐渐衰落，被征服的国家逐一复国。这些被征服的国家一个接一个地冲破了奥斯曼帝国加诸其身的枷锁。上述事件为欧洲的外交官呈现了一系列千变万化、令人困惑的问题。奥斯曼帝国的征服有特别之处：被征服国家的人民虽然被征服，但从未被摧毁。当"土耳其的洪水"退去，这些被征服的国家一个接一个地重现。1878年，希腊、罗马尼亚、塞尔维亚和保加利亚都宣布独立。结果，1817年，在欧洲拥有218 000平方英里土地和1966万人口的奥斯曼帝国最终只剩下10 882平方英里土地和1 891 000人。

由于土耳其在第一次世界大战中战败，人们希望《凡尔赛和约》的签订将土耳其最终赶出欧洲。然而，人们的希望落空了。由于苏俄退出了第一次世界大战，而且协约国在君士坦丁堡新主人的问题上尚未达成一致，只能选择允许奥斯曼帝国苏丹继续拥有君士坦丁堡，从而使其拥有了黑海海峡欧洲部分的控制权。

土耳其共和国的改革

之后，一个奇迹发生了。新的土耳其共和国凤凰涅槃般地从奥斯曼帝国的废墟上崛起。凯末尔迅速将希腊军队逐出小亚细亚，并且成为土耳其共和国第一位总统。

这位出色的军人证明了自己是一位积极进取的优秀政治家。凯末尔用令人难以置信的速度建成了一个新国家，并在此基础上建立了一个全新的政府。凯末尔第一个也是最具戏剧化的行动是将新国家的首都从伊斯坦布尔迁到安纳托利亚的安卡拉。迁都后，土耳其共和国发生了更关键的变化——它废除了苏丹制和哈里发制。凯末尔放逐了所有奥斯曼帝国议会的议员，没收了他们的财产。穆斯林的神学院、宗教聚集场所和圣墓皆被关闭。凯末尔还废除了宗教仪规，禁止人们在公共场合穿特定的神职人员服装，并放弃了伊斯兰教的国教地位。土耳其共和国完全世俗化了。

凯末尔在亚洲建立了一个新国家。在这个国家，凯末尔强制人民适应一种全新的文化。为了让土耳其共和国能比肩其他发达国家，凯末尔重视各个方面的发展。土耳其共和国采用国际标准公历、数字和公制系统，并用拉丁字母代替了阿拉伯字母。从1928年12月1日

起，所有发行的报纸都使用拉丁字母。在一些学校进行拉丁字母教学。教育方面，在安卡拉，土耳其共和国支持建立有医学院、法学院和农业研究机构的大学。

除了教育和文化，凯末尔还改革了土耳其人的服饰。男人不得戴红圆帽，而改戴西式"圆顶礼帽"和"洪堡毡帽"。女人被强迫去掉盖头面纱。一夫多妻制被废除。女性可以进入所有教育机构学习，并可以自由进入各行各业工作。女性和男性一样有选举权和进入议会的权利。女性和男性23岁时都有投票选举的资格，并在31岁时有成为议员候选人的权利。

土耳其共和国效仿瑞士联邦的民法和意大利王国的刑法，制定了本国的民法和刑法，颁布了符合本国实际情况的贸易法。改革后的土耳其共和国让外国游客感到安全。这是快速发展的交通方式带来的好处。国家几乎收购了由外国公司建造、拥有的全部铁路。土耳其共和国花费大约2亿土耳其里拉修建了更多的铁路，并且没有向外国求助和借贷。

在经济领域，土耳其共和国创造了奇迹。财政收支实现了平衡。政府按时支付工资和养老金。虽然税收依旧很重，但分配更加公平。国家摒弃了过去与税收有关的严重弊端，还按时支付奥斯曼帝国的旧债利息和共和国的新债利息。在可观的基准利率基础上，政府存储内部货币。在外汇管制方面，政府已着手防止货币投机，同时建立了农业信用合作社和中央银行，并为了发展工业和矿业及处理抵押贷款而设立了商业银行。由于《洛桑条约》的限制已经到期，土耳其共和国从1929年开始强制征收高额的保护关税。这些举措推动了国内制造业的发展，制造业开始依赖国内生产的原材料。

　　凯末尔没有忽视一个事实——"是人而不是贸易壁垒推动城市发展"。国家现有的条件能够使4000万人舒适地生活，但当下只有16 200 694人。这相当于每平方英里的土地上居住着35人，而相比之下，希腊王国每平方英里的土地上有124人，南斯拉夫王国每平方英里的土地上有140人，罗马尼亚王国每平方英里的土地上有145人，保加利亚王国每平方英里的土地上有150人，意大利王国每平方英里的土地上有360人。一大批移民来到了土耳其共和国。他们主要来自希腊王国。凯末尔意识到国家要保障人民的生命和财产安全，就需要实施工业化，尤其是改善卫生和医疗条件以及母亲和婴幼儿的生活条件，否则不会实现大规模的人口增长。在改善卫生和医疗条件方面，政府通过排干安卡拉及其相邻地区的沼泽地的方式消除了疟疾，改善了水源供给，并为消除传染病做出了巨大努力。

　　土耳其共和国的政治体制与常见的政治体制不同。它是议会共和国，拥有一位选举产生的总统、四年一次的大选选举的一院制立法机构和名义上对议会负责的政府。虽然我们难以判定现实执政情况与宪法条款的相符程度，但有两件事是确定的：第一件事是，自从成为总统，凯末尔就独揽大权。第二件事是，在一定程度上，他的独裁统治的动机和手段不同于意大利王国和德国。他的动机是"有教育意义的"。凯末尔的目标是让国家成为真正的"宪制"政府；总统根据官员的意见采取行动，但国家的官员不是对总统负责，而是对议会负责。凯末尔知道土耳其共和国需要发展很长一段时间才能真正做好准备。

　　最后，凯末尔为土耳其共和国制定了新的外交政策。在奥斯曼帝国的最后一段时间里，德国军队占领了曾被法国和英国长期占领的君士坦丁堡。然而，土耳其共和国建立后并没有向柏林寻求帮助，反倒

向莫斯科寻求帮助。1919年，英国是奥斯曼帝国的死敌，支持希腊人在安纳托利亚的军事行动。在洛桑，英国的全权代表傲慢地对待伊斯梅特帕夏。后来，库尔德人发动叛乱，使土耳其共和国的亚洲边境出现了许多麻烦。土耳其人认为这些麻烦都来源于英国的阴谋，尤其是T.E.劳伦斯"关于阿拉伯半岛"的阴谋。我们还要提到土耳其共和国和英国关于摩苏尔油田的争端。其中牵扯到土耳其共和国和伊拉克王国[①]的边界问题。国际联盟暂时将摩苏尔给了伊拉克王国，并且说服土耳其共和国直接参加关于它与英国问题的谈判。国际联盟最终提出了土耳其共和国和英国都能接受的关于边界划分的方案。因此，土耳其共和国准备好与英国和法国这两个老朋友建立更加友好的关系，准备在安卡拉和莫斯科之间建立新型关系，还准备执行与英国在1939年缔结的重要条约。

同时，凯末尔这位勇士越来越怀疑意大利王国在东地中海及德国在巴尔干半岛的企图，因此，他与巴尔干半岛的邻国建立了更亲密的关系。迄今为止，这些巴尔干半岛的邻国都没有扩张领土的意愿，这为土耳其共和国带来了安宁。

---

① 1932年，土耳其共和国和伊拉克王国加入国际联盟。——原注

希腊王国恢复稳定和安宁

　　希腊王国被凯末尔指挥的土耳其军队打败，并为自己的野心付出了代价。它不得不允许小亚细亚和东色雷斯之间的人口流动，也不得不允许西色雷斯、马其顿和阿提卡之间的人口流动。大约200万人不得不寻找新居住地。然而，这些有着悲惨遭遇的人为希腊王国的经济带来了好处。在马其顿，这200万人参与了有经济回报的种植活动。马其顿88%的人是希腊人，在种族方面更加同质化。在雅典和希腊其他城镇，人们积极发展工业，特别是地毯制造业。因此，希腊王国经济上的繁荣弥补了军事上的失败。

　　希腊王国的政治并不稳定。国家从君主制变为共和制，后来又从独裁统治转变为民主制。1922年9月，希腊国王康斯坦丁一世再度被驱逐出希腊。1924年，康斯坦丁一世的长子乔治二世被正式废黜。在接下来的近12年时间里，战争和政治派系斗争将希腊共和国撕扯得四分五裂。1935年，希腊保王党人通过一番努力让乔治二世复辟。人们希望复辟君主的统治能为动荡的国家带来稳定和安宁。此外，希腊王国与近东国际关系的改善也有助于其恢复稳定和安宁。1933年的条约保障了希腊王国和土耳其共和国的友谊。1934年的《巴尔干公约》保

障了希腊王国、土耳其共和国、罗马尼亚王国和南斯拉夫王国在巴尔干半岛确立的边界。虽然希腊王国和意大利王国在1939年缔结的《友好和互不侵犯条约》的名字不怎么吉利，但它修复了两国长期存在的裂痕，并使两国展开了友好交往。

罗马尼亚王国

正如我们所见，在所有巴尔干半岛国家中，罗马尼亚王国是从战争中获得最多领土的国家。与此同时，它在种族同质化方面则损失了很多利益。邻国反对罗马尼亚王国获利。在巴尔干战争后，保加利亚王国忍痛将南多布罗加割让给罗马尼亚王国。苏联已经收复了比萨拉比亚。匈牙利王国是最受委屈的国家，马扎尔人占罗马尼亚总人口大约25%，他们从未放弃与匈牙利王国同胞重聚的希望。

与其他巴尔干半岛国家一样，罗马尼亚王国一直麻烦不断。它一直实行常见的君主立宪制，拥有两院制的立法机构和为立法机构负责的内阁。1936年，尼古拉·蒂图列斯库下台。自此之后，罗马尼亚国王卡罗尔二世一直统治着罗马尼亚。然而，卡罗尔二世曾在1926年宣布放弃自己的王位继承权。1927年，罗马尼亚国王斐迪南一世驾崩后，6岁的米哈伊王子[①]成为罗马尼亚国王。米哈伊王子是卡罗尔二世与妻子原希腊公主海伦的儿子。

---

① 即米哈伊一世（1921—2017），罗马尼亚王国最后一位国王，卡罗尔二世之子。他从1927年7月20日到1930年6月8日统治罗马尼亚王国，1940年9月6日再次统治罗马尼亚王国，1947年12月30日被迫退位。——译者注

158

随着文蒂拉·布拉蒂亚努政府倒台，1928年，民族农民党的领袖尤柳·马纽成为罗马尼亚王国首相。他很大程度上推动了政变的成功。1930年，卡罗尔二世通过政变，废黜了米哈伊一世，并坐上了他之前没有登上过的王位。因为罗马尼亚王国的选举法将选民的选择限制在单一政党内，所以选举法实质上导致了极权政府的出现，权力完全掌握在国王手中。与南斯拉夫国王一样，罗马尼亚国王实质上拥有独裁权。

卡罗尔二世对农业有很大兴趣。他大力促进农业发展，并积极增加农民的收益。报道称，卡罗尔二世的政策很受欢迎，他的王位应该和大多数巴尔干半岛国家君主的王位一样安全。然而，1934年，一个拥有广泛影响力、被称为"铁卫团"的法西斯组织暗杀了罗马尼亚王国首相扬·杜卡。如果之后卡罗尔二世因参加扬·杜卡的葬礼而出现在大教堂中，那么他同样会被暗杀。

罗马尼亚王国在巴尔干半岛占据重要的经济地位。虽然它的确要经过黑海海峡"守护者"的同意才能进入地中海，并且其铁路系统需要发展，但它拥有极其丰富的自然资源，尤其是拥有世界上最大的油田。然而，各种难题都在挑战罗马尼亚王国的国际地位。罗马尼亚王国能否渡过这些难关是个问题，而这个问题只有在1940年的暴政①结束后才能得到解答。

---

① 1940年的暴政指纳粹德国军队占领罗马尼亚王国。——译者注

南斯拉夫王国的体制变革

对罗马尼亚王国的评论也适用于南斯拉夫王国。纳粹德国吞并了奥地利共和国和捷克斯洛伐克共和国，对年轻的"三位一体"王国来说，这是一件具有重要意义的事件。1939年，墨索里尼和希特勒的联合以及意大利王国吞并阿尔巴尼亚王国更进一步地威胁了南斯拉夫王国的安全。

在过去20年里，南斯拉夫王国麻烦重重。"三位一体"王国形成后，立即尝试在议会民主制的形式下建立中央集权政府。然而，刚刚走到一起的南斯拉夫人缺乏凝聚力，也缺乏建立良好体制所必需的丰富经验和传统。因此，南斯拉夫王国建立中央集权政府的尝试注定会失败。南斯拉夫人无疑都非常欣赏西方的民主体制，但他们必须在长期学习后才能有把握效仿西方的民主体制。1928年，克罗地亚农民党领导人斯捷潘·拉迪奇在议会辩论时被一位黑山代表射杀。克罗地亚农民党从此退出了议会。此后，南斯拉夫国王亚历山大一世终止了议会宪法，并宣布王室专政。

1930年，南斯拉夫王国正式恢复了议会宪法，但此举并没有产生实际意义。1934年，南斯拉夫国王亚历山大一世被一名马其顿民族主

义者暗杀。暗杀事件再次暴露了一些人的民族主义情绪。摄政王保罗倾尽全力解决内部矛盾，但只解决了部分矛盾。克罗地亚人和塞尔维亚人在语言和种族上非常相近，在其他方面也没有太大差别，但他们之间的矛盾日益激烈。一方面，克罗地亚人已经习惯于将维也纳作为社交中心，而嫌弃塞尔维亚人的落后。另一方面，吃苦耐劳的塞尔维亚人鄙视克罗地亚人的软弱。

与塞尔维亚人和克罗地亚人关系良好的国家频繁提出用联邦制的方法解决它们之间的矛盾。塞尔维亚人和克罗地亚人都非常同意这样的方案。然而，南斯拉夫王国过于中央集权，导致联邦制和代议民主制都难以推行。我们无法确定南斯拉夫王国能否成功运用联邦制原则。

瑞士联邦的经验证明，不同的信仰不会阻碍联邦制的建立。然而，在南斯拉夫王国，650万塞尔维亚东正教教徒极其反对350万克罗地亚罗马天主教教徒。其他重要群体，比如100万名斯洛文尼亚罗马天主教教徒和600万名波斯尼亚穆斯林确实可能毫无困难地融入联邦制，但联邦制必须得到塞尔维亚和克罗地亚的共同认可。人们迄今未发现能同时得到塞尔维亚和克罗地亚认可的联邦制。

除了塞尔维亚人和克罗地亚人，与罗马尼亚王国一样，南斯拉夫王国还有马扎尔人、德意志人、意大利人等少数民族群体。南斯拉夫王国面临战略上的严重危机，它夹在两个大国之间——匈牙利王国和保加利亚王国位于其两侧。因此，南斯拉夫王国的重要位置使它的支持者非常焦虑。对此，法国训练了南斯拉夫王国大批军队——由欧洲

英勇善战的士兵组成。南斯拉夫王国不再依赖斯柯达^①供给军火，它还有其他军火供给源。

---

① 指捷克斯洛伐克共和国的斯柯达兵工厂。——译者注

疏于防范的阿尔巴尼亚

1939年，意大利军队占领阿尔巴尼亚王国。不可否认，这严重地打击了南斯拉夫王国。对意大利王国来说，阿尔巴尼亚王国一直都像是"拿伯的葡萄园"[①]。阿尔巴尼亚王国拥有大约100万名吃苦耐劳的山地人。自从土耳其人出现以来，阿尔巴尼亚在巴尔干半岛的形势发展中有独特的地位，尽管从15世纪末到19世纪末，它所起的作用并不明显。直到19世纪中期，都拉斯和瓦罗纳两个港口的出现和发展才导致了"阿尔巴尼亚问题"。1912年，欧洲大国企图创造一个"自治的阿尔巴尼亚"，并为其指定一位统治者。欧洲大国计划以此解决多个令人尴尬的阿尔巴尼亚问题。欧洲大国推举了威廉·维德做阿尔巴尼亚的统治者。他的统治持续了6个月。

第一次世界大战期间，阿尔巴尼亚陷入混乱。在意大利王国的军事保护下，阿尔巴尼亚成立了临时政府。1914年，意大利军队占领并一直控制着瓦罗纳。1925年，经过多次革命后，阿尔巴尼亚共和国

[①] 拿伯的葡萄园，出自《旧约·列王纪上》，喻指某种使人想要不择手段搞到手的东西。——译者注

建立。艾哈迈德·贝伊·索古被选举为阿尔巴尼亚共和国的第一任总统。1928年，立宪大会将共和制转变成为君主立宪制，并将王位授予他。他接受了王位，被称为"索古一世"。

索古一世进行了许多影响深远的改革。与其他巴尔干半岛国家一样，阿尔巴尼亚王国为了农民的利益没收了地主的土地。政府开始修建道路，但进展缓慢。政府还引入了刑法和民法。阿尔巴尼亚王国有189个县，每个县都设有选举议会。在打破部落经济并提高行政效率的基础上，索古一世重新制定了行政区划。为了训练新组建的学生军训队和4个重要城市的技术学院的学生，阿尔巴尼亚王国引入了意大利教师。不过，技术学院教师的薪水实际上由意大利王国发放，所以他们自然对意大利王国负责。

阿尔巴尼亚王国对意大利王国疏于防范，因此，意大利王国通过上述手段及其他一些手段侵略了阿尔巴尼亚王国。1939年，耶稣受难日这天，意大利王国10万名士兵突袭并占领了阿尔巴尼亚王国。索古一世带着新婚妻子杰拉尔丁逃离阿尔巴尼亚王国。通过慷慨的馈赠和其他类似的更加慷慨的承诺，意大利人轻而易举地获得了阿尔巴尼亚人的欢迎，即使这种欢迎可能是表面上的。

在战略上，阿尔巴尼亚王国对意大利王国至关重要。奥特朗托海峡只有大约40英里宽。布林迪西和瓦罗纳握有亚得里亚海的钥匙。意大利军队占领了阜姆、卡塔罗、都拉斯、斯库台，它曾热切地渴望这些领土。意大利军队的占领对南斯拉夫王国有好处吗？亚得里亚海简直成了意大利王国的内湖。

保加利亚的得失

保加利亚曾经是俄国的密友。1878年，在柏林，本杰明·迪斯累利将保加利亚一分为二。1885年，在没有欧洲大国反对的情况下，保加利亚两部分重新合并。自此，包括英国在内的大部分国家都希望保加利亚的地位稳固。它们的目的是让保加利亚成为俄国军队进攻君士坦丁堡最有效的障碍。

自1912年起，黑暗笼罩了保加利亚王国。在第二次巴尔干战争中，它陷入了悲惨境地。第一次世界大战结束后，协约国的决定使保加利亚王国更加悲惨[①]。由于"狡猾的"保加利亚沙皇斐迪南一世失算，保加利亚王国成为牺牲品。协约国认为没必要考虑保加利亚王国的利益。然而，从长远的角度看，有人质疑希腊王国首相埃莱夫塞里奥斯·韦尼泽洛斯在保加利亚王国问题上，正如在奥斯曼帝国问题上一样，存在反应过度的情况。

对保加利亚王国来说，爱琴海不是至关重要的，但具有一定意

---

① 这里指第一次世界大战后，协约国通过《纳伊条约》要求战败的保加利亚王国割让领土。——译者注

义。《纳伊条约》的规定保障了保加利亚人在爱琴海从事经济活动的权利。但保加利亚人不仅想得到在爱琴海从事经济活动的权利，还想占领爱琴海。1922年11月24日，在洛桑会议上，英国政治家乔治·寇松明确否定了建立在《纳伊条约》基础上的声明。但即使建立在《纳伊条约》基础上的声明作废，希腊王国最好的政策可能还是宽容[1]。

在政府形式方面，保加利亚王国与邻国一样缺乏一致性。从形式上讲，保加利亚王国的君主制就是议会制。但希特勒在德国建立专制统治后，1934年，保加利亚国民议会被废除。1938年3月，保加利亚王国再次出现了以"立法主体"为名义的大选。宪法不稳定和社会不安定都使保加利亚王国成为不好相处的邻国。索非亚和贝尔格莱德一直都对彼此有敌意。1919年，保加利亚王国不得不向南斯拉夫王国割让斯特鲁米察线附近的土地及西北边境的一块狭长土地，因此，索非亚和贝尔格莱德之间的关系更加恶化。罗马尼亚王国固执地坚持占领南多布罗加，所以它与保加利亚王国一定会一直存在摩擦。与此同时，协约国将属于保加利亚王国的马其顿给了希腊王国。这对保加利亚王国造成了真正的伤害。意大利王国也不忘煽动巴尔干半岛纷争。因此，总的来说，保加利亚王国不加入《巴尔干公约》的决定并不令人吃惊。1937年1月，保加利亚王国确实与南斯拉夫王国缔结了一份条约，并在1937年7月与《巴尔干公约》有关国家缔结了一份条约，但它依然不是《巴尔干公约》缔约国中的一员。

在造成巴尔干半岛糟糕局势的众多原因之中，最主要的可能是保加利亚王国拒绝加入《巴尔干公约》，尽管这是可以理解的。1933

---

[1]　关于更多细节，参见约翰·A.R.马里奥特《东方问题》，第355页。——原注

年6月，英国、法国、德国和意大利王国在罗马缔结了《四国公约》，这引起巴尔干半岛各国警觉。随后，1934年2月，土耳其共和国、希腊王国、罗马尼亚王国和南斯拉夫王国缔结了罗马尼亚王国外交大臣尼古拉·蒂图列斯库主张的《巴尔干公约》。然而，《四国公约》从未真正生效，因此，巴尔干半岛国家其实不必过于紧张。《巴尔干公约》确实是反修正主义的，这明显损害了保加利亚王国对多布罗加所有权的主张。《巴尔干公约》向各方承诺要维持现有的边界，规定除非签字国之间达成共识，否则各方不得与其他巴尔干半岛国家谈判。根据局势的变化，《巴尔干公约》一直不断更新。1940年，由于小协约国解体，并且纳粹德国军队入侵巴尔干半岛，《巴尔干公约》的重要性更加明显。此时，如果保加利亚王国加入《巴尔干公约》，对巴尔干半岛意义重大。但纳粹德国不断向保加利亚王国施压，阻止它加入《巴尔干公约》。

因此，巴尔干半岛的政治前景很不明朗。但可以确定的是，长久以来，地理是造成巴尔干半岛问题的根本原因。世界上没有任何一个地区的地理能像巴尔干半岛一样主宰个人和国家的命运。巴尔干半岛地形复杂，大部分地区被一系列山脉覆盖。山脉没有明确的起点，也没有明确的终点，而且没有固定的走向，既有南北走向，也有东西走向。历史上，在狄那里克阿尔卑斯山脉的间隙和阜姆的东北部，德里纳河流经著名的"阿尔巴尼亚峡谷"，这使巴尔干半岛的地形更加复杂。西部沿海山脉和中部高地之间的通道更加重要。该通道北端通往匈牙利大平原，南端通往瓦尔达尔河谷，并与贝尔格莱德和萨洛尼卡相连。

比巴尔干半岛起伏的山脉还要令人困扰的复杂地理状况，就

只有巴尔干半岛的河流系统了。为什么多瑙河在由西到东长久、有规律、正常流动的过程中，到加拉茨突然向北流？这仿佛是恶意预谋，最终导致罗马尼亚王国和保加利亚王国在多布罗加问题上产生纷争。马里查河的南端出现了相同情况，同样造成了难以解决的争端。被称为"河川袭夺"的地质学过程造成了马里查河的奇怪偏转。从地质学角度看，爱琴海已经产生了强大的吸引力。人类就像河流一样被吸引到爱琴海的海滨。因此，马其顿变成了"整个半岛历史的关键"。

在巴尔干半岛的古代及现代，中央集权的国家从未出现过，也不可能出现。相对较小的国家在巴尔干半岛聚集，这是地理造成的必然结果。人种强化了地理。自然留下了一些参差不齐的边界，而人类一直慢慢地在将这些边界梳理平整。结果，许多有争议的地区引起了频繁的战争，并引来外国势力的干预。大自然禁止巴尔干半岛统一。地理和人种甚至阻止巴尔干半岛各国实行联邦制。巴尔干半岛内部安定和外部安全的唯一希望似乎被寄托于巴尔干同盟，或者至少被寄托于一个永久同盟。1912年，保加利亚王国首相伊万·叶夫斯特拉季耶夫·盖朔夫[①]和希腊王国首相埃莱夫塞里奥斯·韦尼泽洛斯差点儿建立巴尔干同盟。但由于胜利的协约国争夺土耳其人交出的战利品，盖朔夫和韦尼泽洛斯的努力付诸东流。尼古拉·蒂图列斯库和凯末尔也差点儿创造了这个奇迹，但现在保加利亚王国成为阻碍。巴尔干半岛国家只有联合在一起，才能获得救赎，不再被奴役。北欧小国不幸的

---

① 伊万·叶夫斯特拉季耶夫·盖朔夫（1849—1924），保加利亚政治家。——译者注

伊万·叶夫斯特拉季耶夫·盖朔夫

摄者信息不详

命运能否让巴尔干半岛国家理解这个道理？事实证明巴尔干半岛国家还未理解。没有一个地区像巴尔干半岛一样产生过这么多悲剧。除非巴尔干半岛国家对上述问题迅速给予坚定的肯定答案，否则巴尔干半岛不幸的命运可能会印证一句谚语："团结就是力量。"

第 10 章 | CHAPTER X

- 中欧
- 哈布斯堡帝国
- 继业者
- 小协约国

Central Europe

The Hapsburg Empire

The Succession States

The Little Entente

摇摇欲坠的哈布斯堡帝国

悲剧的阴影笼罩着巴尔干半岛，同样笼罩着多瑙河中游的盆地和中欧。代表过去历史的波兰抹去了糟糕的记忆。捷克斯洛伐克共和国是纳粹德国侵略行动的受害者。纳粹德国吞并了奥地利共和国，使作为政治实体的奥地利共和国不复存在。上述所有事件都是产生悲剧的主要原因。

以奥地利为例，有人说："哈布斯堡帝国就像一个漂亮的旧花瓶。在这个旧花瓶跌落并摔成无数碎片前，没有人会欣赏它。"劳合·乔治嘲笑哈布斯堡帝国是一个"摇摇欲坠的帝国"。1914年，哈布斯堡帝国确实摇摇欲坠。但过去25年的经验更倾向于肯定一句古代格言所讲的事实："如果哈布斯堡帝国不存在，那么就有必要创造它。"哈布斯堡家族通过娴熟的外交手段和一系列幸运的婚姻创造了哈布斯堡帝国，多年来抵挡了奥斯曼帝国的多次进攻。一定程度上，它确保了中欧的安宁，但这种安宁现在被破坏了。

1866年，俾斯麦将奥地利帝国赶出德意志。1867年，奥地利帝国和匈牙利王国建立了二元帝国。但事实上，《奥匈协议》对奥地利帝国皇权和古老的匈牙利王国王权的联合几乎没有帮助。弗朗茨·斐迪

南大公如果还活着，可能会用三元帝国代替二元帝国的方式给予捷克人、占主导地位的德意志人和马扎尔人宪法上的同等地位。他还可能将南斯拉夫纳入真正的联邦帝国。这种做法不仅能阻止哈布斯堡帝国的解体，还能限制德国独裁者的野心。弗朗茨·斐迪南大公不合时宜地被暗杀在一定程度上导致了第一次世界大战的爆发。此事件本身也是一个"悲剧"。

1914年，点燃战争导火索的奥匈帝国拥有5500万人口。正如我们所见，从战争中崛起的奥匈帝国是一个人口比大伦敦[①]还少的内陆国家。一位作家生动地描述道："这个新的国家只是神圣罗马帝国的残渣和糟粕。人们认为它唯一有价值的部分只有大城市维也纳和阿尔卑斯山脉。"

捷克斯洛伐克共和国的诞生切断了奥地利人煤炭、钢铁、军工厂和重工业80%的供给。奥地利人被剥夺了进入亚得里亚海和匈牙利肥沃平原的权利。需要大量资本支持的奥地利人确实陷入了困境。维也纳社会主义者宣布奥地利共和国成立，并急于与魏玛共和国组成联盟。然而，《凡尔赛和约》禁止这种行为。天主教社会党的领导人赛佩尔是一位学者、教士和真正的爱国政治家。他赞同用另一种方法使奥地利共和国摆脱困境。在关键的1912年到1914年，赛佩尔担任奥匈帝国首相。1925年到1929年，他担任奥地利共和国总理。他本可以将德意志分为三个部分：由柏林控制的德意志北部；在维特尔斯巴赫议会控制下的巴伐利亚、符腾堡、巴登和莱茵兰联盟；哈布斯堡家族领导的天主教国家——由奥地利、匈牙利、特兰西瓦尼亚、捷克斯

---

① 大伦敦是英国的一级行政区，包括首都伦敦及其周围卫星城镇。——译者注

洛伐克和克罗地亚组成。在当时的情况下，这样的解决方案确实超越了地域的可能性。这个解决方案如果落实，可能会避免许多灾难发生。然而，赛佩尔的当务之急是将维也纳从"饥饿"中解救出来，并阻止国家走向破产和混乱。他毫不犹豫地直接要求大国做出选择："如果留下我们做欧洲政治上的'灰姑娘'，那么我们将主动投向柏林的怀抱。如果让人们继续挨饿，那么人们将会把莫斯科搬到中欧。"后来，奥地利共和国通过国际联盟得到的贷款扭转了国内的经济形势。直到世界经济危机开始前，奥地利共和国一直拥有与其他国家一样恢复本国经济的平等机会。

1929年4月，赛佩尔辞去总理职位。1930年，政治强人约翰·朔贝尔成为奥地利共和国总理。朔贝尔曾在1927年"流血的7月15日"[①]残酷镇压暴乱。这激起了社会党人的愤怒。1931年3月，为了建立关税同盟，朔贝尔与德国协商，并在维也纳签订了《奥地利共和国和德国关于统一规定关税制度的议定书》，声称奥地利共和国和德国想"标明欧洲协议框架下经济新秩序的起点"，在不伤害它们政治上的独立性或"对第三方义务"的前提下，它们才能标明欧洲经济新秩序的起点。

法国、意大利王国和捷克斯洛伐克共和国强烈反对奥地利共和国和德国提出的关税同盟，关税同盟的最终提案被撤回。1931年9月5日，海牙法庭以8票对7票的表决结果裁定关税同盟是非法的。英国、德国、美国、日本帝国、比利时王国、荷兰王国和中国败给了包

---

① 1927年7月15日，奥地利共和国首都维也纳爆发了一场大骚乱。警察向愤怒的人群开枪，致89名抗议者死亡。——译者注

括古巴共和国、哥伦比亚共和国和萨尔瓦多共和国在内的国家。法国的确应为撤回关税同盟的提案负主要责任。关税同盟可能会为奥地利共和国和德国的合并铺平道路，也可能避免奥地利共和国被德国吞并。法国成功阻止了关税同盟成立，但这种做法缺乏远见。法国还拒绝支持奥地利共和国的安斯塔特信用社。1931年5月，安斯塔特信用社面临破产。因此，美国总统胡佛同意所有相关国家可以延期偿还债务，这才及时避免了一场大规模的债务危机。

新成立的国家捷克斯洛伐克

在分割哈布斯堡帝国的"继承的国家"中，捷克斯洛伐克共和国因多种原因而获利最多。一位深爱奥匈帝国的敏锐的政治观察者曾说："阿尔贝特·奥波尼①问我：'你为什么在欧洲制造这样一个大难题？'我无法回答他。在我看来，这似乎与历史、地理、经济、道德和常识给我们的教训正好相反。"一位非常赞成奥匈帝国解体的权威人士称："捷克斯洛伐克共和国是中欧国家中最复杂的一个。从军事角度来看，它是中欧国家中最脆弱的一个。"捷克斯洛伐克共和国的1400万人中有650万人是捷克人、300万人是德意志人、200万人是斯洛伐克人，还有数量基本持平的匈牙利人、罗塞尼亚人和波兰人。捷克斯洛伐克共和国的核心波希米亚自17世纪起就是哈布斯堡帝国的一部分，但在波希米亚，坚持独立观点的政党很强大。1918年10月，波希米亚和摩拉维亚及西里西亚脱离奥匈帝国。斯洛伐克曾一直属于匈牙利。泰申一直是捷克斯洛伐克共和国和波兰共和国产生争端的主要原因。1918年，由于波希米亚脱离奥匈帝国，波希米亚人开始

---

① 1909年至1934年任比利时国王。——译者注

177

怀念扬·胡斯①。他们想念不幸的"冬王"巴拉丁选帝侯腓特烈五世和他的英格兰王后伊丽莎白·斯图亚特。在英格兰国王詹姆斯一世所有长大成人的孩子中，伊丽莎白·斯图亚特算是非常有才干的。

　　捷克斯洛伐克共和国的议会民主制以英国的议会民主制为模板，因此，从建立之初，它就得到了西方民主党派的支持，尤其是更加极端和党员受教育程度更低的党派的支持。因为捷克斯洛伐克共和国是德国的眼中钉，所以法国非常支持它。捷克斯洛伐克共和国和罗马尼亚王国是瓜分匈牙利王国的合作伙伴，所以自然联合在一起。捷克斯洛伐克共和国是德国军队东进的障碍，因此，对整个欧洲，特别是对巴尔干半岛来说，它的完整性至关重要。上述情况影响了捷克斯洛伐克共和国的国际关系。

---

① 扬·胡斯（1369—1415）是捷克基督教思想家、哲学家和改革家。他的殉道使他成为捷克民族主义的标杆。——译者注

小协约国

　　捷克斯洛伐克共和国提出了小协约国的核心理念。在近20年中欧发生的事件中，小协约国发挥了重要作用。捷克斯洛伐克共和国与南斯拉夫王国、捷克斯洛伐克共和国与罗马尼亚王国，以及南斯拉夫王国与罗马尼亚王国签订了一系列单边条约。这些有相似条款的条约共同保障了小协约国免受匈牙利王国的攻击，并为了小协约国某个成员国的利益，要求匈牙利王国在没有提前告知其他小协约国成员国的情况下，不得与第三国结盟。许多补充协议为小协约国的外交结构奠定了更加坚实的基础。1921年2月，法国和波兰共和国承诺保护彼此不受德国军队的无端攻击。1921年3月，波兰共和国和罗马尼亚王国承诺要共同防御苏俄军队的攻击。1924年6月，法国和捷克斯洛伐克共和国签订的条约更重要。两国政府共同承诺要抵制任何"颠覆《凡尔赛和约》"的尝试并"保护两国的共同利益"，还承诺共同反对任何复辟德国霍亨索伦王朝的尝试。捷克斯洛伐克共和国与法国之间的条约使自己有资格反对匈牙利王国任何违反《特里亚农条约》的举动。

　　在君主制时代，法国曾试图通过结盟制度反对哈布斯堡帝国和霍亨索伦王朝来获得安全。在某种程度上，20世纪的法国恢复了结

盟制度。1926年，法国与罗马尼亚王国缔结了一份和平、善意和友好的条约。1935年，通过与苏联缔结《苏法互助条约》，法国加固了自己的外交大厦。但《苏法互助条约》的缔结立即引起了纳粹德国的警觉，纳粹德国在一份报告中正式抗议法国和苏联的《苏法互助条约》。后文会详细讲述这份报告的内容。

匈牙利的选择

　　胜利的协约国认为匈牙利王国是所有被征服国家中最值得同情的国家。但同情并不能使这个古老王国免受惩罚，也不能消除其国内骚乱造成的灾难性影响。为了缓解匈牙利王国经济上的燃眉之急，1924年，1200万英镑的贷款被筹集起来。与奥地利共和国获得的贷款一样，匈牙利王国获得贷款不是由国际联盟担保，而是由匈牙利政府担保的。

　　匈牙利王国的处境和同为两院制的奥地利共和国一样可怜。几个世纪以来，匈牙利人一直如哨兵般驻守着多瑙河中部盆地。在哈布斯堡帝国的统治下，匈牙利人为奥地利人提供了进入"欧洲大厦"的基石。正如有人所说："我们应当将由喀尔巴阡山脉组成的防御工事建造得更强大。防御工事应当能在没有外援的情况下保护欧洲，抵抗所有攻击，这样才符合欧洲的普遍利益。但只有在整个欧洲范围内建立统一国防体系的情况下，上述目标才有可能实现。建立统一的国防体系是实现欧洲力量平衡的关键。"欧洲迫切需要建立统一的国防体系，但这不易实现。特兰西瓦尼亚的400万居民中有50%以上是罗马尼亚人，同时还有近150万马扎尔人。这些马扎尔人从未放弃与匈牙

利王国同族团圆的希望。

　　同时，匈牙利王国的摄政王霍尔蒂·米克洛什开始进行政治、财政、社会和经济的恢复工作。其间，他得到了匈牙利王国爱国者拜特伦·伊什特万的大力帮助。1921年到1931年，拜特伦·伊什特万一直担任匈牙利王国的首相，尽管时有中断。霍尔蒂·米克洛什和拜特伦·伊什特万的最终目标是修订《特里亚农条约》中严苛的条款，但最终未能实现。虽然《特里亚农条约》的制定者承认他们当时拟定条约以便国际联盟在后期修订条款，但小协约国不屈不挠的反对打消了任何想要修订该条约的尝试。1922年，只有关于布尔根兰州的问题得到了修订。通过修订，匈牙利王国从奥地利共和国手中收回了布尔根兰州。

　　除了修订领土范围，霍尔蒂·米克洛什和拜特伦·伊什特万还积极推动国内重建工作。虽然匈牙利王国依然实行封建土地所有制，但国家花费200万英镑开垦了大约22万块可供租种的土地。教育改革的重大计划被全面贯彻。在霍尔蒂·米克洛什和拜特伦·伊什特万的统治下，普遍的文盲现象被切实消除了。他们还进行了社会改革。1925年，匈牙利王国的财政预算平衡了。1926年，立法机构再次变成了两院制。新的上议院不同于以世袭制为主的旧的贵族阶层，其成员由官方委任。

　　在外交政策方面，匈牙利王国倾向于与意大利王国和德国建立更亲密的关系。从小协约国坚持反对匈牙利王国修订《特里亚农条约》的态度来看，匈牙利王国的选择也很正常。1923年，在拜特伦·伊什特万的努力下，匈牙利王国与奥地利共和国缔结了友好条约。1927年，匈牙利王国与意大利王国缔结了友好条约。1934年3

月，在罗马，奥地利共和国总理恩格尔伯特·陶尔斐斯、墨索里尼和匈牙利王国首相根伯什·久洛共同签订了《罗马议定书》。《罗马议定书》的主要目标是改善三个国家之间的经济和贸易关系，帮助小麦种植国匈牙利王国克服因小麦价格下跌而遭遇的困难，并鼓励通过优惠税率的方式将奥地利共和国的产品销往意大利王国。1936年，匈牙利王国摄政王霍尔蒂·米克洛什礼节性地访问了罗马。1937年，霍尔蒂·米克洛什访问了基尔和柏林。在基尔，希特勒为霍尔蒂·米克洛什安排了一次检阅，以展示由"格奈森瑙"号战列舰、"施佩伯爵将军"号重型巡洋舰、"舍尔将军"号巡洋舰和"德意志"号巡洋舰所代表的年轻海军的强大力量。在柏林，希特勒还陪同霍尔蒂·米克洛什检阅了一支长达4英里的部队。上述事件解释了匈牙利王国的选择。1938年底，匈牙利王国加入《反共产国际协定》，并退出了它为了自尊于1923年才加入的国际联盟。

复活波兰

欧洲的悲剧在波兰上演了其高潮部分。过去的两个世纪，在一直困扰欧洲外交家的所有问题中，波兰问题一直是最持久、最难解决的。但人们无法回避波兰问题。拿破仑说："欧洲的未来取决于波兰的最终命运。"法国一直坚持这种观点。在维也纳会议期间，塔列朗[①]给梅特涅写信道："波兰问题是欧洲最棘手的难题。"18世纪末，作为一个国家的波兰被摧毁了，但波兰民族存活了下来。自从德国崛起后，法国为了欧洲的平衡一直期待波兰复国。1914年8月16日，乔治·克里孟梭高呼："我们应该复活波兰，……我们应该终结历史上最大的罪行。"1919年，乔治·克里孟梭的愿望实现了。

然而，这个愿望实现的过程充满了民族上、历史上、军事上和政治上的困难。波兰的民族主义和普鲁士的民族主义之间的矛盾是

---

① 即夏尔·莫里斯·德·塔列朗–佩里戈尔（1754—1838），法国主教、政治家和外交家。1789年法国大革命爆发时，为制宪议会代表。1797年起历任督政府、执政府、第一帝国和复辟王朝初期的外交首脑；出席维也纳会议，利用同盟国间的矛盾，提出"正统主义"原则，改善法国地位。1830年到1834年驻英大使任内，竭力维护英法关系。其外交生涯以权变诡谲知名。——译者注

不可调和的。巴黎的外交家竭尽全力在最具争议的地区进行全民公决，并利用国际联盟的机制划定了多个边界。其中最不规则的边界是但泽、上西里西亚的"波兰走廊"、泰申、东加利西亚和维尔纳。

但泽的问题是普鲁士问题中一个至关重要的问题。如何解决这个问题呢？欧洲大国就波兰必须"再次活过来"的观点达成一致。1914年，法国政治家和历史学家加百利·阿诺托写道："所有正义的人和所有受压迫的人都把目光投向波兰。波兰遭受了太久的苦难。"法国的确一直认为波兰是欧洲文明的前哨，是欧洲各国对抗普鲁士人和莫斯科人的帮手，也是法国"联合计划"链条中不可或缺的环节。关于这个问题，协约国的观点大体一致。但细节上呢？美国总统伍德罗·威尔逊阐明的"十四点原则"看似简单，但很难付诸实践。俾斯麦和他的继任者都一直努力通过教育、农业、经济改革和殖民化的手段使波兰德意志化和新教化。为了使波兰德意志化，德意志人尝试"占领"学校。波兰人的顽强抵抗挫败了德意志人的尝试。殖民政策也没能在波兰奏效。与1886年俾斯麦开始实行殖民政策时相比，1914年，更多波兰人拥有了自己的土地。正如一位波兰人所说："这是历史悠久的杂耍表演。"波兰的"身体"可能被折磨和割裂，但灵魂坚不可摧。然而，1919年，巴黎的和平调解者进退两难。虽然将东普鲁士大胆地分配给波兰是一个简单的计划，但此举违反了神圣的民族主义原则，并将东普鲁士转变成了一个"漂浮在斯拉夫海洋上的德意志岛"。让德国完全收复东普鲁士就是否定伍德罗·威尔逊为波兰人索要的进入大海的权利，或者强迫西普鲁士的德意志人穿过波兰的领土到达东普鲁士。因此"波兰走廊"是一个充满挑衅又不明智的设计。1920年，公民投票决定了东普鲁士和上西里西亚的未来。1920

年，大使理事会^①将泰申分给了波兰共和国和捷克斯洛伐克共和国。尽管两个国家表面上都同意遵守各自申请的法庭所做的决定，但其实都很不满。捷克斯洛伐克共和国因此得到了一个有价值的油田，但这是以破坏自己与波兰共和国之间的关系为代价换来的。1938年，波兰共和国虽然进行了复仇，但没有任何收获。

波兰人陶醉在胜利中，但这种胜利并非靠波兰人自己的力量获得，而是通过外交手段获得。在凡尔赛会议后，波兰人一直处于好斗的状态。在法国人的鼓励下，1920年，波兰军队进攻布尔什维克的军队。这样做的后果是法国人不得不帮助波兰人救回他们的首都华沙。1920年，布尔什维克军队不得不撤离立陶宛共和国首都维尔纳。波兰人由于历史原因一直觊觎维尔纳，并再次强行占领它。

欧洲大国还默许波兰共和国保留东加利西亚，但东加利西亚的罗塞尼亚人可能更喜欢与他们乌克兰苏维埃共和国的同胞团聚。

波兰共和国的确很难处理自己的外交关系。如果考虑到自己在两个大国之间的位置和缺乏防御的边境，它更应保持谨慎。波兰共和国的安全几乎完全依赖外交。之前我们已经讲过，在法国的帮助下，1921年，波兰共和国建立了自己的外交关系。更重要的是，德国与波兰共和国、捷克斯洛伐克共和国分别缔结了条约。与《西部协定》同一天签订^②的《洛迦诺公约》显示了其完整性和针对性。德国两边的安全因此得到了保障。但问题出现了：德国的安全会为欧洲的平静作出贡献吗？1939年，这个问题有了答案。

---

① 第一次世界大战结束后由协约国成立的组织，1920年1月在巴黎成立，后来并入国际联盟。——译者注
② 1925年10月16日。——原注

第 11 章　　CHAPTER XI

· 苏联和欧洲

Russia and Europe

新经济政策

　　1921年，列宁开始实施新经济政策。针对私有制和私有企业的发展——尤其是小规模的工厂，政府的确作出了让步。作为交换媒介，政府重新引入货币。工人的工资由现金支付，并且被允许加班和做计件工作。国有企业被要求保留和公开财务明细。政府允许外国资本家来苏联投资。外国专家和技术工匠被大量引入。政府允许农民为了增加收入进行其他生产劳动。

　　新经济政策取得了明显成功。1924年，列宁去世了。斯大林继任了列宁的职位。斯大林反对托洛茨基、季诺维也夫、加米涅夫和其他第三国际领导人。1926年英国大罢工的惨败使斯大林相信世界革命不可能立即取得成功。

五年计划

斯大林计划发展民族经济。拥有丰富自然资源的苏联应该运用大规模生产的方式在最短时间内打败主要资本主义国家。因此，1928年，斯大林启动了"五年计划"。亨利·福特[①]成为对苏联有影响的人物。为了实施"五年计划"，苏联付出了巨大的努力。

1931年4月的报道称，五年计划的执行结果远超最初的预期。因此，1933年到1938年的第二个五年计划的工作很快开始了。1937年5月，报道称苏联基本完成了第二个五年计划，并且计划在1938年到1943年实施第三个五年计划。

第三个五年计划正式开始前，因欧洲局势恶化，苏联不得不将精力集中于外交。

[①] 亨利·福特（1863—1947），美国著名工业家和商业巨头，福特汽车公司创始人，大规模生产流水线技术的首席开发者。——译者注

亨利·福特
摄者信息不详

外交关系

　　毫无疑问，苏联的国际关系有了巨大改善，尽管改善过程比较坎坷。苏联国际关系的改善主要归功于斯大林的精明和不屈不挠的性格及马克西姆·李诺维夫[①]圆滑的外交技巧。1879年，斯大林出生在格鲁吉亚的哥里城。童年时期，讲话还不太清楚的斯大林就开始谈论革命。一直到1917年，他要么在监狱里，要么在逃亡中。1924年，列宁去世后，他成为苏联的领导人。1935年，斯大林扩大了拥有公民选举权的成年人范围，以此展示政府为"民主化"所作的努力。按照规定，选举要在严格公平的基础上进行，市民和农民都拥有选举权，国家用直接选举代替了间接选举。

　　苏联的外部关系的确有所改善。到1921年，苏俄只得到波罗的海国家的承认。1921年，苏俄与奥地利共和国、意大利王国和英国协商了贸易条约，尽管最终贸易条约没有被批准。1922年，在热那亚会议中，苏俄国际地位得到了巨大提升，不仅在强国中取得了一席

---

① 马克西姆·李诺维夫（1876—1951），于1930年到1939年任苏联外交部长，主张改善苏联与西方的关系。——译者注

之地，还通过与德国的直接谈判缔结了《拉巴洛条约》。《拉巴洛条约》从法律上认可了苏俄，提出德国和苏俄共同放弃之前的所有债务和所有战争索赔，还提出恢复德国和苏俄的领事和外交关系，并主张最惠国待遇原则适用于苏俄。这应归功于协商条约的两个犹太人——瓦尔特·拉特瑙和马克西姆·李诺维夫。

1922年，苏俄还得到了波兰共和国、土耳其共和国、波斯王国和阿富汗王国的承认。1924年，苏联得到了英国承认。在英国，麦克唐纳组建了第一个工党内阁。

在英国的引领下，意大利王国、希腊王国、奥地利共和国、匈牙利王国和斯堪的纳维亚半岛三国及一些非欧洲国家也在法律上承认了苏联。1924年10月24日，当法国同意承认苏联时，苏联在欧洲的外交圈就完整了。又过了9年，在1933年11月16日，美国才最终跟随欧洲的步伐，承认了苏联。

1925年11月，苏联与土耳其共和国缔结防御条约。1926年4月24日，苏联与德国缔结了相似的条约。此后，苏联的地位进一步提升。1928年，苏联还通过加入预备裁军委员会展示了自己对和平的渴望。在法国的邀请下，苏联签订了同意放弃战争的《凯洛格-白里安公约》。

正如之前提到的那样，最终的结果是，1927年，英国和苏联断绝了贸易和外交关系。1934年，苏联为大规模裁军所作的努力以失败告终。1934年，苏联加入国际联盟。

苏联的地位一直在提升。1932年，法国与苏联缔结了《互不侵犯

条约》。裁军会议失败后，法国急于起草《东方洛迦诺公约》[①]。英国不情愿地进一步认可了苏联。1934年，英国与苏联签订了《贸易条约》，并且支持"东方洛迦诺"计划。法国不遗余力地推动"东方洛迦诺"计划。1934年夏，苏联同纳粹德国交流"东方洛迦诺"计划的提议草案。在纳粹德国、苏联、波兰共和国、捷克斯洛伐克共和国、芬兰共和国、爱沙尼亚共和国、拉脱维亚共和国和立陶宛共和国签署的《地区协助条约》的规定下，它们共同保护彼此不受侵略。同时，法国和苏联要对这些国家承担《洛迦诺公约》签署国在莱茵兰问题上承担的相同义务。纳粹德国虽然重申对和平及大规模裁军的渴望，但对《东方洛迦诺公约》条款很挑剔，并且只要其他大国质疑德国拥有同样军备的权利，德国就拒绝参会。德国还表达了它对双边条约的偏爱，因为越适用于具体情况的条约，越不会引发纠纷。

事实上，1935年5月2日，法国和苏联签订了《苏法互助条约》，该条约明显是为保护法国和苏联不受德国的攻击。基于《苏法互助条约》使《洛迦诺公约》无效化，德国反对《苏法互助条约》。法国的宣言——得到了英国的支持——称德国的担忧是没有理由的。但这并没有让德国安心。纳粹德国如果准备好尊重现存条约和协议对其行动的限制，那么它就没必要有任何担忧。但事实显示，德国并不愿意这么做。紧接着发生的事注定要为德国的历史增添戏剧化的一笔。

① 《东方洛迦诺公约》即"东方公约"，是互助条约，目的是将法国、苏联等国联合起来反对纳粹德国。——原注

第 12 章 | CHAPTER XII

· 希特勒的专制
· 纳粹德国

The Hitler Dictatorship

Nazi Germany

专制并不一定意味着悲剧。在古罗马共和国宪法的制约下，被指定的独裁者常常为共和国提供有价值的服务。古希腊的一些"暴君"很糟糕，另一些"暴君"则很优秀。在库普塞罗的"暴政"下，当时的科林斯最繁荣。修昔底德①亲自见证了雅典的庇西特拉图在公元前560年到公元前510年的受欢迎程度和成功。然而，古希腊的暴君、古罗马的独裁者、英国都铎王朝君主和奥利弗·克伦威尔都是为了应对紧急局势而开始独裁统治。统治者如果在局势不再紧张的情况下继续长时间实施独裁统治，就容易导致暴政。

---

① 修昔底德，古希腊历史学家和思想家，其代表作《伯罗奔尼撒战争》描写了公元前5世纪斯巴达和雅典之间发生的战争。——译者注

欧洲局势恶化

　　正如之前提到的那样，从1924年到1929年，欧洲似乎正在逐渐恢复。但阻碍欧洲恢复的因素突然出现了——3位国家领导人相继离开了政坛。1929年10月，德国外交部部长施特雷泽曼去世了。1931年，奥斯丁·张伯伦结束了执政生涯。1932年，白里安去世。在白里安去世前，经济危机就已摧毁了世界。政治和经济领域的问题都逐渐恶化。1934年，欧洲各国削减庞大的军备开支和减少战争发生所做的努力以裁军会议的失败而告终。1934年，在伦敦召开的世界经济会议也以失败告终。1932年，德国总理海因里希·布吕宁辞职。魏玛共和国最后的希望破灭了。1933年，随着希特勒掌权，德国开始了新的危险实验。1933年，日本帝国和德国退出国际联盟。1935年，墨索里尼派军队攻打埃塞俄比亚帝国，公然蔑视国际联盟。后来，德国公开谴责《凡尔赛和约》。1935年，德国重新开始征兵。欧洲局势明显开始恶化。欧洲向地狱坠落的速度越来越快。

希特勒政权

　　从1923年到1930年，德国走上了复兴道路。1923年，汉斯·路德[1]和亚尔马·沙赫特稳定了货币系统。1924年，德国财政和赔款问题专家委员会制订了可行的方案。施特雷泽曼重建了德国在欧洲的地位。签订《洛迦诺公约》后，1926年，德国加入国际联盟，并在国际联盟理事会取得了永久席位。1928年，德国签订《凯洛格-白里安公约》。在《凯洛格-白里安公约》中，德国宣布放弃战争。1930年，协约国结束了对莱茵兰的占领。

　　不久，灾难来临了。经济危机使德国陷入混乱，这给希特勒创造了机会——希特勒迅速抓住了它。

　　1889年4月20日，希特勒出生在上奥地利的布劳瑙，是一位海关官员的儿子。父亲想让其成为像他一样的公务员，但希特勒希望成为艺术家。因此，在父母去世后，希特勒前往维也纳追梦。从狭义上来说，希特勒没能实现梦想，但从他的演说方式上来看，他是一位杰出的艺术家。他做了几年瓦工，薪水一直不稳定，生活非常贫困。1912

---

① 汉斯·路德（1879—1962），德国政治家，曾担任魏玛共和国总理。——译者注

年，希特勒离开维也纳，前往慕尼黑。在维也纳生活的那段时间，他开始厌恶哈布斯堡家族、捷克人、财阀、马克思主义者、犹太人、寻欢作乐的人及议员。

虽然战争的爆发给了希特勒扮演德国爱国者角色的机会，但他只获得了下士军衔。他妄想出一种信念：令人感到耻辱的休战协定和《凡尔赛和约》是"一帮卑鄙的罪犯"的作品；这些罪犯大多数是犹太人，为了私利而"将魔爪放在了德国身上"。希特勒用这种信念煽动了一大批德国人，尤其是不了解事实的年轻男女。

希特勒返回战后的慕尼黑。慕尼黑是反革命党和共产党活动的中心。他对反革命党和共产党都不感兴趣。他以房屋装修工人的身份加入了德国工人党。德国工人党当时总共只有7名成员。之后，德国工人党被重新命名为"德国民族社会主义工人党"，即"纳粹"。希特勒发现自己具有罕见的聚众演说、宣传和组织的综合天赋。为了新政党的利益，他开始发挥自己的天赋。

希特勒深信这个世界没有武力不能完成的事。他招募和组织了冲锋队[①]。1921年，冲锋队还为公共会议提供安保或服务。赫尔曼·戈林被委任为冲锋队的队长。1923年9月，在一次议会中，纳粹联合两个类似的组织形成了希特勒领导下的"德国人战斗联盟"。这个联合政党的宣言是："革命和《凡尔赛和约》互为因果，其关系密不可分。我们希望将国家从奴役和屈辱中解救出来。但人们只能通过在国

---

① 冲锋队是纳粹党最初的准军事组织。在20世纪20年代和30年代希特勒上台期间，冲锋队发挥了重要作用。它的主要目的是为纳粹集会提供保护，扰乱反对党的会议，打击反对党的准军事部队，以及恐吓工会主义者，尤其是恐吓犹太人。——译者注

际联盟中共同努力才能获得自由。在魏玛建立的新德国不能成为为德意志自由而战的旗手。"

后来，德国局势逐渐陷入混乱。法国军队占领了鲁尔区。物价过高，马克变得一文不值。许多中产阶层家庭破产，穷人处在饥饿的边缘。人民的遭遇和耻辱为纳粹主义的种子提供了生长的土壤。

虽然慕尼黑的局势导致德国出现了一些奇怪的组织，但其中最奇怪的组织当数著名的德国陆军将领埃里希·鲁登道夫和薪水微薄的军警间谍希特勒所在的组织。1923年11月9日，埃里希·鲁登道夫和希特勒肩并肩走在慕尼黑大规模游行队伍的前面。他们企图羞辱柏林政府，相信巴伐利亚保守党的领导、古斯塔夫·里特尔·冯·卡尔总理、奥托·冯·洛索将军和巴伐利亚军队的指挥官都会支持他们。然而，保守党人改变了主意。慕尼黑的警察开始向游行者开枪。随后，希特勒被捕。在狱中，希特勒开始构思并写作《我的奋斗》。1925年12月，希特勒出版了《我的奋斗》上册。1926年，《我的奋斗》下册正式出版。

《我的奋斗》既是启示录，也是信条。它阐述了一种政治哲学、一些缺乏真实性的混杂历史和一个受欢迎的宣言。

希特勒宣扬国家至上的理论。为了建立和保持国家的伟大，公民必须做好牺牲一切的准备——财产、快乐、宗教、自由和生命。为了执行自己的计划，希特勒要建立一支无往不胜的军队。在《我的奋斗》中，希特勒有预见性地描述了精确安排的整个计划。

执行这个计划的第一步也是最重要的一步当然是希特勒应该获得权力。希特勒能够获得权力都依赖于纳粹党的成功组织。纳粹党的党员人数快速增加。1919年，纳粹党拥有7名成员。到1925年底，增加

到27 117人。1929年，增加到176 426人。直到1929年，纳粹党一直努力通过选举进入国会。在1924年5月的选举中，纳粹党得到了190万张选票并赢得了32个席位。然而，紧接着的经济复苏推迟了纳粹党进入国会的时间。1928年5月，纳粹党只赢得了12个席位。在快速的退步后，纳粹党加快了自己进入国会的步伐。1930年9月，纳粹党获得了近650万选票和107个席位。1932年春，在竞选德国总统的第二次选举中，希特勒厚颜无耻地挑战年迈的列夫·加米涅夫。兴登堡以绝大多数的选票当选德国总统。1932年7月，在国会选举中，纳粹党得到了近1400万选票和230个席位。纳粹党变成了国会的最大党派。因此，兴登堡总统为希特勒提供了职位。但只有最高权力能让希特勒满意。兴登堡总统委任弗朗茨·冯·巴本为总理，但3天后，国会再次被解散。随后，库尔特·冯·施莱歇尔将军接替巴本担任总理。1933年1月，希特勒接替施莱歇尔将军担任总理。

　　然而，此时的希特勒的地位还不稳固。他还要使实业家和其他保守党人士确信只有他才有能力抵御共产主义的威胁。为了确保自己在即将到来的选举中获得成功，纳粹党不得不制订一些骇人的计划。1933年2月27日，纳粹党谋划用大火烧毁国会大厦，并将罪行推到共产党人身上。政府立刻逮捕了至少4000名共产党人[1]和其他纳粹党的反对者。政府禁止共产党和社会党发行报纸。1933年3月5日，在混乱的局势和冲锋队士兵的监视下，人们选举了新国会。结果令希特勒大失所望，虽然他实施了周密的计划，甚至不惜纵火，但纳粹党只

---

① 威克姆·斯蒂德指出，逮捕执行令在1933年2月27日早晨就已准备好，只需在执行令上填上日期，并附上被指控人的照片。——原注

得到288个席位。然而，国会的投票已不再算数。《授权法案》实质上取代了《魏玛宪法》，并将政府的最高权力授予总理和内阁。《授权法》一步步赋予行政机构立法权。地方议会被废除，地方治权被移交到国家手中。管理各州的官员由政府任命，并且只听从政府的命令。简而言之，希特勒负责任命官员，而官员只听从希特勒的命令。

希特勒的确完成了俾斯麦的工作。德国终于在希特勒的统治下完全统一了。德国变成了一个极权主义国家。1933年11月，在公民投票中，有超过96%的选民对希特勒的外交政策投了赞成票，并有4000万选民向新国会推举的政府候选人名单投了赞成票。要补充的一点是，最高法院法官在莱比锡进行了一场持续57天的审判，认定国会大火是共产党人所为，但德国共产党领导人恩斯特·托尔格勒被无罪释放，保加利亚共产党领导人格奥尔基·季米特洛夫及其同僚也被无罪释放。一位愚笨的荷兰年轻人M.范·德·卢贝承认放火后被判处死刑。有人将审判结果简要概括为："人们无法证实对共产党人的指控。虽然历史的审判结果是'纳粹党员是参与者和共谋'，但未被证明。法院认为被指控的共产党人形迹可疑，但在历史上，有人怀疑纳粹党员。"

1934年8月2日9时，兴登堡总统去世。仅在一个小时后，政府就颁布了法令。法令宣布从兴登堡总统去世之时起，希特勒同时担任德国总统和总理职务。魏玛共和国的最后一位总统去世了，在他去世那一刻，希特勒登上了德国最高政治舞台。在国防部部长维尔纳·冯·布隆贝格将军的命令下，武装部队宣誓效忠"德意志帝国①

①　指德意志第三帝国（1933—1945），即纳粹德国。——译者注

203

和人民的领袖"。1934年8月19日，在全民公选中，超过400万名选民鼓起勇气对希特勒担任元首的提议投了反对票，有近100万名选民毁掉了自己的选票，但大约90%的选民支持这位篡位的元首。

希特勒的专制统治

握有腓特烈大帝从未梦想过的权力和俾斯麦从未行使过的权力的希特勒，已经开始实施《我的奋斗》中的计划了。

从1934年6月30日到1934年7月2日，希特勒通过清洗运动将恐惧植入所有潜在的对手和反对者的心中。虽然人们知道清洗运动的阴谋最终被挫败，但这段历史依旧模糊不清。官方报道称，在清洗运动中有77名受害者，但有证人称受害者人数应该至少是官方报道人数的10倍或12倍。无论准确的数字究竟是多少，毫无疑问，受害者中既有帮助希特勒获得权力的人，也有一些想要取代他的人。关于清洗运动，希特勒曾称："国家危在旦夕。在这个时刻，我要为德国的命运负责，并且我自己24小时都要做德国最高法院的法官。"在希特勒的迫害名单里，有自慕尼黑时期就跟他一起奋斗的同伴——冲锋队参谋长恩斯特·罗姆。恩斯特·罗姆虽然恶贯满盈，却是希特勒忠实的支持者。名单里还有参与慕尼黑政变的著名人物古斯塔夫·里特尔·冯·卡尔、库尔特·冯·施莱歇尔将军和其妻子伊丽莎白。有人强烈怀疑埃蒙德·海内斯和恩斯特·罗姆是国会纵火案的共谋。

无论1934年6月30日的清洗运动的目的是什么，都为希特勒扫清

了障碍。极权主义国家不允许人们提出不同观点。各种印刷品、广播、电影院和剧院都受到严格控制。间谍活动和盖世太保限制人们的言论自由。政府剥夺人们公共集会的权利。很久以前，亚里士多德就已经意识到，在教育方面，国家必须致力于培养一种有资格维持和维护某种特定形式的政府的公民。因此，希特勒和教育与宣传部部长约瑟夫·戈培尔都很关注教育。从幼儿园到大学的所有年级的教育系统都拥有同一个至高无上的目标——训练出忠诚的纳粹党员。政府严格管理教育系统，被训练出来的纳粹党员要拥有健康的体魄和优秀的思考能力。同时，纳粹党员要完全服从领导。德国教育系统中的很多制度的确值得民主国家羡慕：技术和职业培训、劳动营和部队中的公共服务，以及其他许多方面。然而，严格的管理不一定能培育出良好的公民。

与希特勒的教育政策密切相关的是他对教会问题的处理方式。在政治家需要面对的所有国内问题中，教权和政权问题长期存在，且最难解决。我们已经看到教皇庇护十一世和墨索里尼在解决教权和政权问题时的尝试。英国人的品质帮助英国解决了教权和政权问题。英国至少很重视这个问题。我们一厢情愿地认为英国在解决问题时展现的品质是英国人特有的品质——乐于妥协、宽容和幽默。从霍亨斯陶芬王朝时期开始，教权和政权问题就一直困扰着德意志人。神圣罗马帝国皇帝亨利四世不得不前往卡诺莎①。俾斯麦在执政早期也曾被相同

① 卡诺莎是意大利北部的一个城堡小镇。1077年，教皇格列高利七世将神圣罗马帝国皇帝亨利四世开除了教籍。为了恢复教籍，神圣罗马帝国皇帝亨利四世光着头在卡诺莎的雪地里站了3天进行忏悔。"卡诺莎之行"象征着中世纪教权对政权的控制。——译者注

的问题困扰。他宣称："无论是肉体上还是精神上，我们都不会再次踏入卡诺莎。"但文化斗争使德国陷入了长达10年的困境，迫使俾斯麦最终前往卡诺莎。俾斯麦虽然走的是一条缓慢而又曲折的路，但他称这个过程不是为了到达卡诺莎，而是一种妥协。

只有妥协，才能平息斗争。而"妥协"是一个已经从《我的奋斗》中消失的词。许多牧师的悲惨遭遇加上希特勒对犹太人的恐怖迫害，使他臭名昭著。希特勒的政策是反宗教的，从广义上讲，更是反教权的。胜利的烈酒灌醉了希特勒，因此，他为自己狂热的追随者提供了一个新的"宗教"。追随者应该以崇拜希特勒来代替崇拜上帝。极权主义国家只会鼓动"巴力的祭司"[①]。"效忠希特勒就是效忠德国。效忠德国就是效忠上帝。"这正是纳粹的宣言，并且与极权国家的整个理论吻合。然而，像马丁·尼莫拉[②]牧师这样有良知但备受摧残的人值得每个人尊敬。人人都想为殉道者戴上王冠。这些殉道者拒绝向巴力下跪，并拒绝否定自己的信仰。

虽然纳粹党对犹太人的迫害比对基督教神职人员的迫害更加严重，但这两种罪行是不同种类的罪行。犹太人是德国的少数民族，人

---

① 巴力是《圣经》中记载的神灵之一，是上帝最重要的对手。巴力的祭司指那些崇拜巴力的邪恶的人。基督教教徒在称呼异教神灵的时候会用巴力来代表。巴力在希伯来神话中被当作邪魔。——译者注
② 马丁·尼莫拉（1892—1984），德国著名的神学家。他因为反纳粹的忏悔文章《起初他们》而成名。——译者注

数不超过50万。由于1918年"从背后刺了德国一刀"[1]的人是犹太人的谣言，希特勒极度憎恨作为国际债主和国家叛徒的犹太人。种族纯洁性理论很荒谬。对纳粹党来说，犹太人同资本家和布尔什维克一样令人讨厌。然而，在学术、科学和音乐领域，犹太人曾做出巨大贡献。在法律和医学领域，有大量犹太人从事相关工作。一些做技术工程师的犹太人几乎不可取代。但在纳粹眼中，犹太人的所有贡献怎么能弥补他们玷污德意志人纯洁血液的罪行呢？

希特勒掌权后，对犹太人实施了一系列迫害。任何谴责这些迫害的语言都不会显得过激。然而，希特勒灌输给德国人绝对服从的自我牺牲精神，并使他们全身心投入国家的事业。这种精神虽然是伪装的，但鼓舞了更年轻的一代。

关于希特勒政权进行的社会改革的价值，人们有诸多争议。政府主张"拿黄油换枪"，并进行大规模的军备重整，建设能容纳200万名德国人的集中营，强制人民劳动，建设大规模的公共工程，建设具有战略用途的高速公路和诸如此类的工程——这些权宜之计解决了失业问题。德国失业人数从1933年的600万下降到1938年的不超过50万。减少的数字令人吃惊和忌妒。如果所有工会都解体，并且它们的资金都被没收，罗伯特·莱伊[2]会保护德国工人吗？新成立的"德国

---

① "从背后刺了德国一刀"的谎言使德国出现了反犹太人的阴谋论。1918年后，这个谎言在德国右翼圈子广泛传播。人们相信，德国军队并没有在战场上输掉第一次世界大战，而是遭到了前线部队和国内平民的背叛，尤其是犹太人。犹太人在德国革命中推翻了霍亨索伦家族的统治，并于1918年11月11日签署了《停战协议》。——译者注

② 罗伯特·莱伊（1890—1945），纳粹时期的德国政治家。从1933年到1945年领导德国劳工阵线。在党内还担任过许多其他高级职务。1945年，在纽伦堡因反人类罪和战争罪在等待审判时自杀。——译者注

劳工阵线"如果将原则和"力量来自欢乐"的座右铭应用于工业，会不会彻底改变德国工人的工作态度？罗伯特·莱伊会不会在提高产量的同时减轻手工业工人的压力并消解他们工作中的苦闷？

希特勒的辩护者称政府已经完成了大规模的重新安置工程。在英国，重新安置工程的大多数工作由自愿建筑协会和互济会承担。而在德国，政府承担了这些工作。"乡村改善计划"大大改善了乡村环境并提升了乡村小屋的舒适度。德国的国家计划使德国不存在快速建造的丑陋的建筑、带状的开发模式和随意扩展的郊区。但上述论述都是对希特勒的辩护。根据后来的情况，我们还无法判定究竟有多少辩护是合理的。

根据《我的奋斗》的理念，人口问题最值得关注。身体和精神不健康的人不能生育。政府调整税收政策的目的是刺激生育率。政府根据家庭的大小按照比例减少学费。婚姻中的债务被免除利息。国家承诺一个家庭每生一个孩子就取消其25%的债务。如果说成千上万的男女在集中营受苦受难，那么，数百万名青年和少女经过劳改，他们的身体是否得到了锻炼？他们是否受到了纪律的约束？社会保障体系沿着俾斯麦开创的路线发展。据称，德国政府将为老人、病人和失业人员提供充足的供给，还制订了多种福利计划。

有人辩称，这些都是专制的成果。有人主张，外国人无权批评德国的政府形式，正如德国人虽然更希望英国的保守党而不是工党执政，但无权批评英国的政府形式一样。有人认为，只要一国的政府形式不影响其他国家处理外交事务，并且不影响它对其邻国的态度，那么争论可能毫无意义。奥利弗·克伦威尔、乔治·坎宁和亨利·约翰·坦普尔·帕麦斯顿的确都不会赞成上述观点。无论德国人公选的

结果是否有效，显然1933年的大多数德国人已经对前政府能恢复繁荣和国家的威信失去了信心。因此，德国人已经准备好默许德国重新建立某种形式的独裁政权。

　　然而，人们很快就开始质疑实施独裁统治的国家能否维持友好的国际关系。无论《我的奋斗》中的信条是什么，希特勒再次大声表达自己对和平的热爱。1935年1月，萨尔回归德国。随后，希特勒宣布德国和法国不再有领土纠纷："我们现在确定，和解的时间已经到了……我们想让世界相信，我们无比渴望维护和平，正如我们下定决心赢回我们平等的权利，也正如我们下定决心此后与各国展开全面合作。我们会为了世界人民的幸福而维护国际团结。"

　　正如我们注意到的那样，希特勒的承诺不是无条件的。他的话究竟有几分真诚呢？仔细阅读上述那段话。希特勒承诺合作是在"平等的权利"得到承认之后——当然，正如读者理解的那样，被"德国人"承认。希特勒的话让人回忆起德国历史学家卡尔·兰普雷希特在1914年8月说的话："在血腥的胜利后，世界将因德意志化而痊愈。"德国赢得了多次血腥的胜利，但结局并不如卡尔·兰普雷希特所言，世界并没有出现被治愈的迹象。

第 13 章 | CHAPTER XIII

· 一项了不起试验的失败
· 日本和中国
· 意大利和埃塞俄比亚

The Failure of a Great Experiment

Japan and China

Italy and Abyssinia

国际联盟的机制

悲剧不是一个罪犯走上犯罪生涯的巅峰,而是一个好人突然失足;不是一座偷工减料的大厦逐步损毁,而是一座被精心设计并由上好材料建成的大厦突然倒塌。

1815年,欧洲各国在建立"神圣同盟"时所用的材料是不是好材料依旧存在争议。这个著名的和平计划是沙皇亚历山大一世发起的。沙皇亚历山大一世是一位赞成自由主义的独裁者。他既宽容也有野心,有着莫斯科人的狡猾。与此同时,他短暂却全身心地献身于基督教的理想,是一个结合了各种情感的矛盾的复杂个体。在处理国际事务的过程中,神圣同盟运用了基督教教义。当时,这无疑是一种真诚的尝试。然而,神圣同盟迅速转变成了一个专制君主的联盟。它不仅要熄灭革命的余烬,还要消除所有自由主义的烟云。

从一开始,梅特涅、卡斯尔雷子爵和乔治·坎宁就怀疑神圣同盟。相反,国际联盟的建立受到了大多数善良人的热情欢迎。在为国际联盟设计的机制方面,有些人确实吹毛求疵,但大多数人希望国际联盟实现协约国之间乃至整个世界的和平。国际联盟希望通过限制军备来达成这个目标[①]。国际联盟是各国领土完整和独立的共同保

---

① 根据《国际联盟盟约》第七条到第十七条。——原注

障。国际联盟规定，在尝试通过和平方式解决纠纷前，任何国家不得诉诸武力。它制订了机制以实施和平解决方案，对违反上述条款的行为进行制裁，并解决国家和相关非联盟成员国之间的纠纷。关于成员国的军备规模，国际联盟虽然可以给出建议，但无权采取实际行动限制其规模。这是一个关键点。然而，国际联盟的任何成员不能在下列情况下向另一个成员发动战争：没有向国际常设裁判法庭和国际联盟理事会呈递纠纷；得到判决后没有等待3个月；违抗除了纠纷方的其他所有委员会成员都赞成的判决。一旦有国家违反了这些至关重要的条款，其他成员都可以要求与其断绝所有关系，包括贸易和经济关系。如果有必要，国际联盟可以向违反条款的国家诉诸武力，但它没有明确规定成员国可以使用何种武力。

此后，所有条约都要公开化，在国际联盟理事会的主张下可以重新审议，并且与《国际联盟盟约》的条款保持一致。

以上是国际联盟这个维护和平的组织的主要规定。国际联盟的方案不同于除神圣同盟之外的所有其他组织的方案：它不仅仅是一个方案，还是一次真正的实验。例如，在国际联盟大会和国际联盟行政院方面，《国际联盟盟约》虽然与之前的一些条约相似，但至少在一个方面，它是落后的。国际联盟虽然考虑到了如果发生战争就要强制执行《国际联盟盟约》第十六条，但没有考虑到要组织一支永久性的国际部队。此外，《国际联盟盟约》具有一定的原创性。它的原创性体现在3个方面：第一，国际联盟机制中最重要的齿轮是常设秘书处——协约国对此一致赞同。第二，常设秘书处建立了一个非常有效的国际公务员制度。第三，《国际联盟盟约》中关于劳动条件的条款很有创造性。在此基础上，建立了国际劳工组织，从理论上讲，国际劳工组织是国际联盟机制的一部分。在《凡尔赛和约》序言的基础上，国际劳工组织制定了自己的宪章，并借此创立了一个精心规划的组织。国际劳工组织收集了大量有价值的数据，尽管花费巨大。它还在其他方面，如国际卫生标准、妇女和儿童的交通、危险药品的出售、母婴的福利、工厂和车间的标准、劳动时间缩短和劳动强度降低、带薪假期等，做了一些重要工作。在与劳工有关的方面，国际劳工组织做了许多工作。这些工作实际上将世界其他国家的劳工待遇标准提高到了英国的标准。虽然为了实现上述目的，国际劳工组织签订了无数协议，并且大部分都得到了批准，但有一点依然值得思考——什么才是国际劳工组织可以使用的行之有效的策略？

国际联盟也做了一些工作。国际联盟授权国际联盟理事会处理国际事务。为了避免欧洲其他国家出现如奥地利共和国和匈牙利王国那样的经济危机，国际联盟筹集了贷款。国际联盟亦代表囚犯、难民和少数民族的利益，并进行人道主义工作，这一类工作虽然最有价值，但不是国际联盟的主要任务。在处理纠纷和避免战争的过程中，什么才是国际联盟可以使用的行之有效的策略？

《国际联盟盟约》第十四条发挥了真正的作用，但作用有限。第十四条提出建立一个永久的国际审判法庭。1921年，根据一个条约（此条约由规定国际审判法庭执行的法律组成），国际审判法庭在海牙成立。1929年，《国际联盟盟约》第十四条被修改。海牙国际法庭是司法机构，也是法院，其根据来自国际公约及国际惯例和先例中的法律原则、文明国家所承认的主要法律原则、司法判决和各个国家中最有资格的宣传人员的释义来行使自己的职能。海牙国际法庭由具有最高法律地位和正直人品的15位法官和4位副法官组成。它具有强制性

的、选择性的司法权。在强制性司法权下，一个国家可以要求另一个
国家回答指控。如果另一个国家不回应，判决可能会默认生成。1928
年9月，在国际联盟第九次大会上，协约国接受了《和平解决国际争
端总议定书》，选择性司法权是该议定书的延伸。随后，国际联盟大
会邀请所有成员签署了《和平解决国际争端总议定书》。该议定书为
有纠纷的国家提供调解方案，如果调解成功就可以不用将纠纷提交法
庭；纠纷由特设仲裁庭进行仲裁；已提交的既不能通过调解解决也不
能通过仲裁解决的纠纷移交国际法庭处理。鉴于之前的痛苦经历，另
一项条款规定，各国应遵守《和平解决国际争端总议定书》的全部条
款或部分条款。

　　是否应该遵守选择性司法权？针对这个问题，英国国内产生了巨
大争议。争议主要来自各党派。虽然英国所有党派都非常认可仲裁的
大体原则，但英国保守党政府拒绝在没有深思熟虑之前承诺遵守一个
没有限制条件的强制性仲裁，尤其是在没有咨询自治领的情况下。后
来，工党政府开始执政。英国签订了关于选择性司法权的条约。新西
兰、南非和印度的代表也在条约上签了字。关于国际法能否完全进入
英国司法范畴的问题，不但英国国内产生了争论，英国的殖民地之间
也产生了争论。这些争论都是英国有所顾虑的原因。国际仲裁的历史
篇章结束了。1930年，帝国会议讨论了国际仲裁的问题。最终，1931
年，英国、加拿大、澳大利亚和新西兰同意遵守《和平解决国际争端
总议定书》。《和平解决国际争端总议定书》是否为《国际联盟盟
约》第十三条和十五条规定的义务又增添了一些义务？这依旧是一个
有争议的问题。

　　最近，一位敏锐的评论家用令人无法反驳的逻辑辩称，和平解

决国际纠纷一直存在困难，其原因是《国际联盟盟约》未能区分法律纠纷和政治纠纷。这位评论家认为，法律纠纷提出的要求是建立在现存法律权利基础上的，而政治纠纷提出的要求是为了改变现存的法律权利。爱德华·哈利特·卡尔[1]争论道："如果在法律框架内通过法庭使用法律规则，那么政治纠纷并不能得到解决……国际法庭一旦离开了国际法律和法律权利的坚实土地，则在任何公认的平等观念、常识、团体的利益中都无法得到认可。"1924年的《日内瓦议定书》和《和平解决国际争端总议定书》都是为国际纠纷提供和平的解决办法，但都未解决国际纠纷中最重要、最棘手的问题。然而，我们要适当补充一点：国际法庭非常成功地履行了一项很重要的职能——无论国际联盟理事会或国际联盟大会接到什么纠纷或问题，海牙国际法庭都有针对纠纷和问题提出"建议观点"的权利。海牙国际法庭的确受理了许多纠纷，并在超过55个纠纷中给出建议或判决。无论海牙国际法庭的判决对英国、法国、德国和许多小国家是否有利，这些国家都接受了判决。关于边境、少数民族的权利等方面的纠纷，海牙国际法庭都介入并和平解决了这些纠纷。

国际联盟的成员国几乎都赞成《和平解决国际争端总议定书》。这是这些国家对要求放弃战争的《凯洛格-白里安公约》的最大支持。正如我们所见，富有创意的白里安最先提出了放弃战争的观点。在日内瓦，白里安将公约推荐给持怀疑态度的批评家，他的威

---

① 爱德华·哈利特·卡尔（1892—1982），英国历史学家、记者、外交官和国际关系方面的学者，也是国际关系领域古典现实主义理论的奠基者之一。——译者注

望的确产生了很大的作用。如丹尼斯·威廉·布罗根[1]所说："白里安在外交方面有独特的才华。他算不上博学多才，也算不上勤勉。然而，他是天生的谈判家。有人评价道，如果说普恩加莱知晓一切知识却不通情达理，那么白里安就是不懂知识却熟知一切人情世故。白里安很有社交天赋。在政治生涯中，他可以很好地利用这个天赋。如果将白里安的演讲词打印在纸上，人们会发现错误百出，并有许多重复和没意义的废话。然而，他的演讲听起来又很不一样。人们无法将一些听到的东西记录在纸上。"

然而，无论白里安的演讲多么高明，能激励国际联盟采取行动的力量都是有限的。萨尔瓦多·德·马达里亚加[2]刻薄地揭露了事实："大国坚持要看着通往国际地狱的道路上铺满优秀的条约。"

白里安的"欧洲合众国"计划甚至没有到达形成协议的阶段。1929年9月，在日内瓦，这位不屈不挠的和平调解者第一次提出了"欧洲合众国"计划。1930年5月，在面向国际联盟成员国的演讲中，法国政府阐述了"欧洲合众国"计划的全部内容。法国政府希望国际联盟成员国能批准该计划。

"欧洲合众国"计划建议国际联盟建立一个欧洲联邦。欧洲联邦将和国际联盟一样拥有固定的机制——会议或大会、执行理事会和秘书处。欧洲联邦的总部也设在日内瓦。为了避免引起国家之间的忌妒，会议的主席职位和会议的举办国家将一年轮换一次。为了欧洲的和平，欧洲联邦的成员国将通过每年开会的方式为欧洲和平组织的共

---

[1] 丹尼斯·威廉·布罗根（1890—1974），英国历史学家和政治学家。——译者注

[2] 萨尔瓦多·德·马达里亚加（1886—1978），西班牙外交官、作家和历史学家，曾获得诺贝尔文学奖和诺贝尔和平奖的提名。——译者注

同事业定期保持联系。欧洲联邦要关注国际联盟未能解决的司法方面的纠纷。"欧洲合众国"计划列举了欧洲联邦需要立即考虑的9个问题。这些似乎都在暗示欧洲联邦更像一个经济上的而非政治上的组织。但白里安明确否定了这种说法。"欧洲合众国"计划提到："所有安全问题都依赖于政治联盟。如果没有政治联盟之前的努力，经济联盟就无法发展。"欧洲联邦无论如何都不能破坏成员国的"绝对主权和政治完全独立"。欧洲联邦的形成也不针对任何国家、组织或大洲。在白里安的主张下，上述承诺绝不多余。因为当白里安第一次概述自己的设想时，设想被解读为欧洲在向美国势不可当的经济力量求助。这让当时的欧洲人感觉中了美国人的圈套。有人说："在金钱和生命两个选项中，整个欧洲甚至没有选择权。因为美国想同时控制欧洲的经济和军事。它不满足于打败欧洲，还想控制整个欧洲的经济。"对许多人来说，一个明显的事实是，当时处于工业大萧条并负债累累的欧洲如果不能结成某种形式的关税同盟，就将永远受制于有权有势的债权人。白里安预见到美国会质疑欧洲联邦，因此，他小心翼翼地称欧洲联邦与美国联邦丝毫不对立。然而，各方的批评蜂拥而至。萨尔瓦多·德·马达里亚加是国际联盟的坚定拥护者。他坚持认为白里安的计划只是复制了国际联盟的机制。但与此同时，国际联盟现存机制的作用只发挥了一部分。萨尔瓦多·德·马达里亚加还认为，欧洲联邦没有政治基础，实际上也没有成为世界联邦的基础。非欧洲国家为国际联盟的事业作出了极大的贡献。欧洲国家之间凝聚力增强所获得的利益根本无法弥补世界团结被破坏所造成的损失。

　　萨尔瓦多·德·马达里亚加是西班牙人。西班牙人准备只有在欧洲联邦不会破坏自己与拉丁美洲关系的前提下才会拥护欧洲联邦。在

了解"欧洲合众国"计划如何影响殖民帝国前，荷兰王国一直犹豫是否加入欧洲联邦。德国明确表示只有在修订《凡尔赛和约》中有关领土方面的条款后，才会拥护欧洲联邦。相反，波兰共和国表示如果自己能保持现状，就支持欧洲联邦。意大利王国坚持在形成欧洲联邦前要先裁军。英国的态度将影响欧洲联邦或者关税同盟的建立。没有英国的支持，建立欧洲联邦的计划一定会失败。英国明显不会只以一个欧洲国家的身份支持该计划，但以大英帝国的身份支持该计划不符合欧洲联邦作为地方性联盟的特点。白里安的计划明显暂时陷入了僵局。

确实有人心存疑虑。他们即使不怀疑白里安的好意，也会怀疑他是否真的大公无私。一种说法广泛流传——白里安希望稳定的欧洲是一个"有法国风格的欧洲"。白里安善良欧洲人的外表下，是精明的法国人。除了法国及其属国，其他国家都未真正接受欧洲联邦的计划。如果说各国对建立欧洲联邦的计划一笑置之也太过夸张。不过，各国礼貌地微笑着拒绝了建立欧洲联邦的计划。虽然所有可能加入欧洲联邦计划的政府已准备好接受计划中的规则，但各国的保留态度和提出的条件都使规则无法顺利执行。

如果白里安的计划生效，那么这个"孩子"一定会摧毁他的"家长"[1]。从白里安制订欧洲联邦的计划开始，其实"家长"就已经生病了。1940年，欧洲联邦的提议可能也证明了白里安的预知能力。

---

[1]　作者将欧洲联邦比作孩子，将国际联盟比作家长。——译者注

国际联盟的一些收获

与此同时，国际联盟可能已病入膏肓。但在30个不重要的小纠纷中，国际联盟成功地消除了分歧。此外，国际联盟成功避免了几场战争。人们应当公正地认可这些事实。1925年，英国介入土耳其共和国和伊拉克王国的边境纠纷。大国的参与使纠纷引来更多关注。伊拉克王国委托英国裁决摩苏尔油田方面的纠纷。裁决的结果对伊拉克王国有利。然而，在被多德卡尼斯的意大利军队警告后，土耳其共和国才勉强承认裁决结果。

从1919年到1935年，在管理萨尔的过程中，国际联盟有了一个更大的收获。1935年3月，国际联盟在萨尔组织公民投票。根据投票结果，国际联盟将这片土地还给德国。在525 946票中，有477 119票赞成萨尔回归德国。只有2214赞成萨尔并入法国。纳粹活动可能做了一些煽动工作，但投票结果无疑代表着大多数人的意见。同时，在没有辜负人们信任的情况下，国际联盟解决了萨尔的难题。

与国际联盟在萨尔的成功形成鲜明对比的，是国际联盟在但泽的失败。两个地区的情况的确大不相同。但泽虽然是一个自由市，但由国际联盟的一个高级委员会管理。波兰共和国和德国之间一直存在摩

擦，而近20年里，国际联盟解决了两国的许多纠纷。由但泽引起的纠纷最终成为德国向波兰共和国发动战争的直接理由。但这并不是国际联盟的错。

梅梅尔的情况与但泽的情况类似。在《凡尔赛和约》的要求下，德国将梅梅尔的港口和内陆割让给了协约国。立陶宛人希望得到梅梅尔。1923年1月，立陶宛军队无视国际联盟，夺取并占领了梅梅尔。1939年3月，德国又从立陶宛人手中夺回了梅梅尔。在保证瑞典人权利的条件下，国际联盟说服瑞典王国接受了将奥兰群岛划给芬兰共和国的裁决。然而，维尔纽斯的归属问题很棘手。几个世纪以来，维尔纽斯已成为波兰王国的一部分——包括立陶宛本身。1918年，重组的立陶宛共和国要求将维尔纽斯作为首都。1920年，苏俄与波兰共和国之间爆发战争。苏俄认可了立陶宛共和国宣布维尔纽斯是其首都的声明。但波兰军队随后夺取了维尔纽斯，并拒绝国际联盟裁决，更无视国际联盟让它撤出维尔纽斯的要求。国际联盟没能说服波兰共和国服从裁决。

1923年11月，在靠近约阿尼纳的希腊王国土地上，意大利将军恩里科·泰利尼和3个同伴被谋杀。当时，他们正在做划定希腊王国和阿尔巴尼亚公国边界的工作。意大利王国立即向雅典发出最后通牒，其军队轰炸和占领了希腊王国的科孚岛。意大利军队的轰炸造成了一些人员伤亡。希腊王国请求国际联盟援助。国际联盟准备采取行动。但意大利王国威胁国际联盟称，如果它介入，就无限期占领科孚岛。因此，国际联盟只好停止行动。最终，在巴黎召开的大使会议上，国际联盟命令希腊王国向意大利王国道歉，并赔偿意大利王国500万里拉。意大利王国从整个事件中总结出了国际联盟的弱

点。1935年，意大利王国再次利用了国际联盟的这个弱点。

意大利王国是一个大国，而希腊王国和保加利亚王国是小国。1925年，希腊王国和保加利亚王国发生边境纠纷。在国际联盟的调解下，它们有效地解决了纠纷。后来，保加利亚人谋杀了希腊的一位军官。为了报复，希腊军队打算入侵保加利亚王国。国际联盟的干预阻止了希腊军队的入侵。希腊王国和保加利亚王国都服从了国际联盟的权威。希腊王国虽然最终同意赔偿保加利亚王国45 000英镑，但不满国际联盟对小国和大国纠纷的不同处理方式。

裁 军

国际联盟的上述收获虽然重要，但与其在裁军问题上的失败相比，就显得无关紧要了。《国际联盟盟约》第八条要求国际联盟的成员国"认可为了维护和平而将国家的军备减少到仅能保卫国家安全和执行国际义务的普通行动的程度"。

第一次世界大战爆发后，欧洲出现了大量关于裁军的讨论、会议和条约，但只有英国为实际解决裁军问题作出过真正贡献。在英国，裁军可能更多是出于急于改善社会服务的想法。1925年，英国将全部海军力量减少到1914年海军力量的48%以下。而同一时期，美国的海军力量增加了17%；意大利王国的海军力量增加了20%；日本帝国的海军力量增加了35%。同一时期，美国将军事力量增加了40%，英国却大力削减军事力量。德国作家库尔特·冯·施图特海姆赞扬了英国追求和平的努力："无人能否认英国树立了裁军的好榜样。英国将武装解除到了威胁自己国家安全的程度。"但施图特海姆补充道，英国裁军的唯一结果是削弱了英国维护和平的国际影响力。

《凡尔赛和约》第五部分严格规定了德国在海军、陆军和空军方

面的裁军规则。然而，第五部分的序言内容很容易令人误解。内容是这样的："为了使所有国家能开始大规模限制军备，德国的陆军、海军和空军要承诺严格参照下面的条款。"德国代表结合这句话和1919年6月16日国际联盟给予的答复，认为这些内容都在强调共同裁军。国际联盟的成员国义正词严地否定了德国对序言的解读。1932年9月18日发布的《英国政策声明》写道："叙述一个规定的目标与成功实现规定的目标完全是两码事。"由于一些国际联盟成员国拒绝减少军备，德国坚持认为它们的决定为自己重整军备提供了道德上的正当理由。

劳合·乔治早已聪明地预料到执行裁军计划的困难，并在《凡尔赛和约》被接受前就敦促协约国缔结一个限制各国军备的条约。他说："国际联盟成功的首要条件是英国和美国之间稳固、友好的关系，以及法国和意大利王国不建设竞争性的军舰和军队。如果在《凡尔赛和约》签订前，国际联盟没有达成这些首要条件，那么国际联盟将毫无作用并沦为笑柄。"美国与英国没能维持稳固、友好的关系，并且只有英国的做法符合条约的精神。

然而，为了达成一致意见，国际联盟的成员国付出了不少努力。1921年到1922年的冬天，华盛顿举行了一次会议。阿瑟·贝尔福作为英国的主要代表参加了会议。由于英国和日本帝国之间的联盟的确一直在引发无端质疑，华盛顿会议决定终止两国之间的联盟，并用《四国条约》代替英国和日本帝国之间的盟约。根据《四国条约》，法国、美国、英国和日本帝国一同保障太平洋的和平。通过《四国条约》，四国都承诺开始限制海军军备。为了实现限制海军军备的目标，意大利王国也加入了《四国条约》的阵营。于是，五个国

家一致同意按照规定的比例限制它们的战列舰、巡洋舰和航空母舰的数量。但意大利王国和法国拒绝任何关于潜艇的条款。虽然日本帝国因自己与英国的联盟不幸被终止而深感沮丧，但在作为日本帝国"安抚剂"的《四国条约》中，签署国承诺不会在太平洋进一步加强军事力量。直到1932年，事实证明没有国家遵守这个承诺。不管怎样，后来《华盛顿海军条约》的签订代表着自休战以来，国际联盟成员国为确保裁军而做出的最大努力。

与此同时，由国际联盟于1926年设立的筹备委员会一直耐心地收集情报和"探路"。1931年1月，筹备委员会向国际联盟理事会提交了一份草案。最终，1932年2月2日，世界裁军会议在日内瓦召开。

现在去详细地描述这场令人不悦的会议的过程没有意义。阿瑟·亨德森虽然已不再是英国外交大臣，但被选为世界裁军会议主席。当时，阿瑟·亨德森身体抱恙，几乎无法胜任工作，但他还是坚持努力去阻止会议走向失败。他的确将自己的生命献给了所投身的事业。然而，会议一开始就注定会失败。所有情况都非常不妙。虽然阿瑟·亨德森想要取得成功，但他面前有着不可逾越的障碍——整个世界都在努力与经济危机作斗争。1932年1月，白里安被法国外交部免职。1932年3月，白里安去世。1933年1月，希特勒成为魏玛共和国的总理。1931年，日本帝国军队入侵中国。1933年2月，国际联盟谴责日本帝国的侵略。随后，日本帝国宣布退出国际联盟。德国退出了1933年10月14日的裁军会议。之后，德国直接宣布退出国际联盟。

一个明显的事实是，裁军会议根本不可能取得成功。法国根本无意裁军。安全是法国的切身利益，而对于保障安全，军事优势至关重要。德国坚持自己应与其他国家一样被平等对待。对此，各国绝不可

能妥协。然而，虽然英国的努力毫无意义，但它还是坚持要达成裁军目标。英国得到了意大利王国和美国的绝对支持。最终，1934年6月8日，裁军会议休会。无数努力付诸东流。

国际联盟努力减轻1930年到1932年的经济和贸易衰退造成的影响，但这些努力毫无作用。1933年6月12日，伦敦世界经济会议正式举行。66个国家的代表参加了会议。这些国家中只有10个国家是国际联盟的成员国。混乱的货币、关税壁垒、工业和贸易的各种限制，都严重破坏了世界贸易，并使每个国家的政府和商人陷入绝望。由于美国总统富兰克林·D.罗斯福拒绝考虑稳定货币的提议，在这样的重大打击下，伦敦世界经济会议迅速意识到自己的无用性。识趣是这场会议的主要亮点。1933年7月27日，伦敦世界经济会议得体地结束了。伦敦世界经济会议的失败带来了一个重要结果——英联邦的成员国立即聚集在了一起。当然，爱尔兰自由邦除外，因为它不是真正意义上的联邦成员。英联邦的成员国再次确认它们拥护1932年渥太华会议的决定。但渥太华会议之所以成功，是因为它更像一次家庭聚会，而不是一次国际会议。英联邦的成员国举行了多次会议，但这些会议没有取得任何成果。

墨索里尼一直不信任国际联盟的机制。他有自己的道理，他注意到许多小的非欧洲国家在阻碍国际联盟的运作。这些国家跟日内瓦会议讨论的大多数问题没有利益瓜葛，对集体安全也不能作出有效贡献，但它们忌妒那些控制国际联盟理事会并主导国际联盟大会的大国。墨索里尼想与大国建立更紧密的单独联盟，他相信这样可能会得到更快、更好的结果。因此，1933年3月，墨索里尼邀请了麦克唐纳和约翰·西蒙访问罗马。墨索里尼向二人提出了在英国、意

大利王国、法国和德国之间达成协议的主张。在修订以往协议的基础上，这4个国家制定了新协议。此协议的目的是维护欧洲的和平。和以往一样，法国激烈地反对修订协议。波兰共和国和小协约国也非常反对。英国的态度比较温和。协议未被批准，并最终石沉大海，只有墨索里尼在协议上签了字。显然，欧洲的和平更依赖于4个大国的和谐。这4个大国的联盟比国际联盟更符合实际形势。

日本和中国

　　世界形势逐渐恶化。1931年9月，日本帝国军队突然入侵中国东北地区，并在6个月内将其占领。中国和日本帝国都是国际联盟的成员国。中国向国际联盟求助。1932年2月，国际联盟派出了调查委员会。委员会主席维克多・布尔沃-李顿伯爵领导调查委员会进行了调查。1932年10月，委员会完成调查报告。报告建议日本帝国军队撤离其非法占领的中国领土。针对日本帝国对中国的侵略，报告还建议日本帝国服从国际联盟的决定。报告建议中国东北地区变成中国的一个自治省。1933年2月，国际联盟采纳了《李顿调查团报告书》。但日本帝国拒绝接受国际联盟的决定，并宣布退出国际联盟。日本帝国军队接着进一步攻打中国。中国军队无力抵抗。日本帝国在中国东北地区建立了伪满洲国。国际联盟建议所有成员国都拒绝承认伪满洲国。

　　日本帝国对国际联盟的无视严重损害了国际联盟的威信。其他侵略国也开始效仿日本帝国。日本帝国的行为还暴露了"集体安全"的不可靠性。国际联盟暴露了自己既没有能力保护成员国不受侵略，也没有能力补偿被侵略国家的弱点，更没有能力让侵略者归还手中的战

利品。中国当然对国际联盟的迟钝深感失望。英国国内国际联盟的狂热支持者谴责英国的懦弱。在一定程度上，约翰·西蒙要为国际联盟无法阻止日本帝国侵略中国负责。因此，英国工党一直指责约翰·西蒙。国际联盟中的小国家愤世嫉俗地说出了事实："国际联盟执行盟约的热情和决心明显和它与执行地的远近成正比。"

在所有国家中，美国无权谴责国际联盟或英国，当然美国官方也并没有这样做，但亨利·L.斯廷森在1936年出版的一本书中谴责了它们。1934年，曾短暂做过菲律宾总督的斯廷森成为美国国务卿。他参加了在日内瓦召开的非官方协商会议。斯廷森虽然在书中故意使用委婉语气，但实际上满是对英国的控诉。他控诉英国政府在联合启动《九国公约》时拒绝与美国合作。然而，事实上，英国的拒绝是有理由的。英国是国际联盟的成员国，所以一定要与国际联盟一起行动。但美国不是国际联盟的成员国。斯廷森认为英国和美国应该"从道德上否定"日本帝国的侵略。他认为"道德上的否定"可能会有效代替制裁或英国海军与美国海军的干预。这种想法完全是幻想。美国准备好联合行动或使用制裁了吗？在认真地审查了美国当时的情况后，哈罗德·坦珀利[①]不相信"美国政府曾认真考虑过派遣美国舰队立即支援我们。美国人的观点或美国宪法的运作机制也不会允许美国政府那样做"。如果这个结论正确，那么现在一定是体面地丢弃"英国与美国外交神话"这种说法的时候了。由于中国被日本帝国侵略的事件，人们发现"集体安全"是一个破碎的、不可依靠的约定。这确实非常令人遗憾。

---

① 哈罗德·坦珀利（1879—1939），英国历史学家。——译者注

法国的国内政治

　　自1929年普恩加莱辞职后的5年里，法国内阁至少发生了15次变化。英国的评论家常常利用这种内阁的不稳定性大做文章。但从1918年到1935年，法国内阁比英国内阁稳定多了。与法国政策的持续性相比，英国的政策执行被频繁打断。1918年到1924年，法国右翼各党派组成的国家集团联盟掌握政权。1924年到1926年，左派卡特尔[①]掌握政权。虽然从1929年到1932年，法国内阁发生了8次变化，但白里安一直是内阁的领导者。法国国内的确存在不稳定因素。所有法国政客都没有无懈可击的正直品质。在所有不断出现的丑闻中，最危险的一个丑闻与苏联犹太人亚历山大·斯塔维斯基[②]有关。在做了许多经济投机行为后，1934年1月，亚历山大·斯塔维斯基为躲避逮捕而自杀。法国人认为亚历山大·斯塔维斯基收买了警察、公务员，甚至议员。因此，巴黎的法国人举行了反对政府的大规模示威游行，随后

---

① 左派卡特尔是激进社会党和其他较小的左翼党派组成的政府的绰号。——译者注

② 亚历山大·斯塔维斯基（1886—1934），法籍俄国人，金融家。他因诈骗、投机和发行伪债券而暴富，后来他的行为引发了政治丑闻。死因是自杀，但外界猜测是被谋杀。——译者注

发展成暴乱。在暴乱中，17人被杀，数千人受伤。眼看法国将面临革命的危险，政府只好向一位值得信任的爱国者加斯东·杜梅格求助。1924年到1931年，加斯东·杜梅格担任法国总统。本已退休的加斯东·杜梅格再次开始治理国家。不过，他提出并执行的强硬政策让人怀疑他有独裁的打算。因此，在加斯东·杜梅格执政6个月后，皮埃尔-埃蒂安·弗朗丹取代了他的位置。由于皮埃尔-埃蒂安·弗朗丹和路易·巴尔图太过聪明，人们认为他们在外交部不会按部就班地处理事务。

欧洲的混乱

　　意大利王国的情况并不比法国的情况好多少。德国纳粹党的崛起和奥地利共和国总理陶尔斐斯在1934年7月25日被谋杀一事使墨索里尼非常震惊。陶尔斐斯是墨索里尼的朋友兼导师。另外，法国支持小协约国，而意大利王国支持匈牙利王国。这使意大利王国与法国本就不友好的关系更难改善。法国希望缓和小协约国与匈牙利王国之间的敌意，所以邀请南斯拉夫国王亚历山大一世来访。1929年，亚历山大一世建立了君主专制的"三位一体"南斯拉夫王国。1934年10月9日，亚历山大一世在马赛被暗杀。法国外交部部长路易斯·巴尔都也被暗杀。刺客来自匈牙利王国。因此，南斯拉夫王国随后向国际联盟理事会控告匈牙利王国是刺客的帮凶。意大利王国一直袒护这起谋杀案的罪犯，并帮匈牙利王国摆脱了指控。意大利王国能这样做无疑是因为皮埃尔·赖伐尔[①]渴望意大利王国与法国和解。1935年1月，皮埃尔·赖伐尔访问罗马。意大利王国与法国达成和解。随后发生的事使

---

① 皮埃尔·赖伐尔（1883—1945），法国政治家，1931—1936年间3次组阁。——
　　译者注

人们相信，意大利王国与法国私下达成了某些方面的共识。在突尼斯问题上，法国承诺会对意大利王国做出一定让步。法国还承诺将与利比亚和厄立特里亚接壤的几块土地给意大利王国。最重要的是，皮埃尔·赖伐尔明确表示法国对埃塞俄比亚帝国的命运不感兴趣。

在皮埃尔·赖伐尔讨好意大利王国的同时，埃塞俄比亚皇帝海尔·塞拉西一直请求国际联盟帮自己抵抗意大利军队即将发动的攻击。由于法国的影响，国际联盟无视海尔·塞拉西的请求。1935年4月，在斯特雷萨，麦克唐纳、约翰·西蒙和皮埃尔·赖伐尔会见了墨索里尼。他们一致同意建立"斯特雷萨阵线"，但没有提到埃塞俄比亚帝国。"斯特雷萨阵线"的目标是限制希特勒。希特勒的行为给邻国带来了严重不安。1935年1月，萨尔举行了全民公投。1935年3月16日，德国宣布重新征兵。然而，英国在宣布限制军备计划的同时，还在继续实施全面绥靖的政策。

在未与法国或意大利王国商议的情况下，英国就与德国缔结了限制海军军备的条约。因此，一开始就脆弱的"斯特雷萨阵线"被完全破坏。《英德条约》自然引起了法国的愤怒和质疑。然而，欧洲的注意力很快就集中到了埃塞俄比亚帝国上。

1936年3月7日，德国军队重新占领了莱茵兰非军事区。让反对此行动的德国总参谋部震惊的是，在英国和法国没有反对的情况下，希特勒被默许实施了这项军事行动。德国以《苏法互助条约》生效、德国不再受《东方洛迦诺公约》的约束为借口，撕毁了《东方洛迦诺公约》。莱茵兰非军事区的两条战线都没有爆发战争。随后，希特勒假惺惺地提出用新条约替换已经无效的《东方洛迦诺公约》。新条约主张为莱茵兰非军事区边界的两侧建立同等程度的非军事区，并用航

空协议弥补海军协议的不足。德国与自己东北部和东南部的邻国缔结类似于与波兰共和国一样的互不侵犯条约[1]。希特勒"屈尊"重新加入国际联盟。最后，他表达了"通过友好协商的方式解决殖民地平等权利的问题"的愿望。安东尼·艾登[2]礼貌并坚定地回绝了德国的提议，希特勒对此也不屑于回应。

---

[1] 1934年1月26日，在英国、法国、德国和意大利王国《四国公约》的干预下，波兰共和国与德国缔结了10年的《德波互不侵犯条约》。——原注

[2] 安东尼·艾登（1897—1977），英国政治家，1955年出任英国首相。——译者注

意大利和埃塞俄比亚

与此同时，埃塞俄比亚帝国和国际联盟的局势都发展迅速。1935年3月16日，虽然海尔·塞拉西援引《凡尔赛和约》第十五条，恳求国际联盟干预"有可能引起成员国之间决裂的纠纷"，但国际联盟没有采取行动。1935年6月，英国提出如果埃塞俄比亚帝国将部分领土割让给意大利，自己便将英属索马里兰的一块领土给埃塞俄比亚帝国。英国企图通过这种方式努力避免战争爆发。然而，在斯特雷萨，墨索里尼坚信英国和法国不是真的对埃塞俄比亚帝国感兴趣，所以他没有理会英国的建议。1935年9月，国际联盟理事会认真考虑纠纷解决方案时，墨索里尼坚定地拒绝了国际联盟的任何介入。1935年6月，鲍德温内阁形成后，接替外交部约翰·西蒙工作的塞缪尔·霍尔特别强调，英国政府是在能力范围内唯一履行《凡尔赛和约》规定的义务的国家。塞缪尔·霍尔继续说道："我的国家与国际联盟站在一起。我们要为了集体来维护《凡尔赛和约》的完整性。我们还要坚持集体抵抗所有无端的侵略行为。"皮埃尔·赖伐尔表示法国完全同意英国的宣言。其他国家也追随英国和法国两个大国的步伐。意大利王国拒绝了国际联盟理事会的所有提议。1935年10月2日，意大利军队入侵埃塞俄比亚帝国。

国际联盟理事会迅速采取行动。1935年10月7日，国际联盟理事会宣布意大利王国是侵略者，建议制裁意大利王国。1935年11月18日，国际联盟理事会实施了制裁方案。在国际联盟的要求下，除奥地利共和国、匈牙利王国和阿尔巴尼亚王国之外的其他欧洲成员国都认为意大利王国的行为是非法的。大多数非欧洲成员国也同意国际联盟的决定。意大利王国对埃塞俄比亚帝国的侵略行动没有立即获得完全成功。1935年12月，塞缪尔·霍尔在巴黎会见了皮埃尔·赖伐尔。他们向意大利王国提出条件，试图割让埃塞俄比亚帝国一大片领土给意大利王国，并赋予意大利王国更大的经济控制权。这能使墨索里尼在既不损失权威也不损失大量战利品的情况下放弃困难的"冒险"。海尔·塞拉西将至少保留自己国家的部分领土，并得到红海沿岸的一小片领土。"霍尔-拉瓦尔计划"提前泄露，引起了英国在国际联盟的支持者的愤怒。最终，鲍德温被迫辞退了一位非常有价值的同僚，否认了"霍尔-拉瓦尔计划"，并将外交部塞缪尔·霍尔的职位交给安东尼·艾登。年轻的安东尼·艾登已经证明自己忠于国际联盟的理想和信念。

1936年春，意大利军队在埃塞俄比亚帝国迅速扭转了战局。1936年5月1日，海尔·塞拉西离开埃塞俄比亚帝国，意大利军队占领了埃塞俄比亚帝国首都亚的斯亚贝巴。1936年5月9日，意大利国王维托里奥·埃马努埃莱三世在埃塞俄比亚称帝并将整个埃塞俄比亚并入意大利王国。1936年6月18日，英国政府宣布结束对意大利王国的制裁。1936年7月15日，国际联盟理事会解除对意大利王国的制裁。

一个明显的事实是，皮埃尔·赖伐尔努力在不完全疏远意大利王

国的同时取悦英国。而在没有完全确认法国准备好和自己一起全力以赴的情况下，英国不会再采取强有力的行动。法国无法承诺自己会与英国一起全力以赴保护阿尔巴尼亚王国。对法国而言，比"非洲野蛮人"的命运更重要的是希特勒的所作所为。希特勒利用形势重新占领了莱茵兰非军事区，还与日本帝国缔结了《反共产国际协定》。

凯末尔的策略与希特勒的策略截然不同。1936年4月，土耳其共和国向《洛桑条约》的缔约国和国际联盟申请废除条约中与黑海海峡有关的条款。凯末尔义正词严地拒绝大国给予土耳其共和国的安全保护。他认为土耳其共和国应拥有自己的防卫力量。1936年7月，在蒙特勒举行的会议最终缔结了《蒙特勒公约》。在解决其他问题的同时，《蒙特勒公约》还答应了土耳其共和国的所有要求。自1833年《安吉阿尔-斯凯莱西条约》签订以来，土耳其共和国所拥有的领土比以往任何时候都完整。

1936年仲夏，"女巫的大锅"又被搅动了一下。1936年7月18日，西班牙内战爆发了。

第 14 章 | CHAPTER XIV

· 西班牙内战的旋涡

The Spanish Vortex

对研究战争的学生来说，追溯西班牙内战的过程是一项较难取得成果的工作。但我们不能完全忽视西班牙过去20年的历史。除了少数时期，西班牙几乎从未在欧洲发挥主导作用，部分是历史原因，但更确切的是地理原因。西班牙政治突出的特点是缺乏统一和一直存在的地方主义。自然环境和整个伊比利亚半岛被一连串险峻的横向山脉贯穿，是造成这些特点的主要原因。长期对抗摩尔人加剧了自然环境造成的地方主义。711年至714年，摩尔人入侵并征服了西班牙。1492年，西班牙人占领格拉纳达。直到这时，西班牙人才彻底摆脱摩尔人。因此，西班牙在几个世纪里的主要文明都是伊斯兰文明。在那段时期，正如萨尔瓦多·德·马达里亚加所说，西班牙被分割成多个小王国。每一块土地上的人都不仅想独立，还想远离西班牙的其他地区。

上述基本历史事实大体上解释了西班牙在历史上接二连三的危机中呈现的地方主义。在1702年到1714年西班牙王位继承战争中，在1808年到1814年半岛战争中，以及最近的内战中，西班牙都出现了危机。西班牙人是非常爱国的民族。西班牙王国是欧洲最早一批发展议会制度的国家[①]。然而，西班牙从未发展成一个完全意义

---

① 例如，卡斯蒂尔王国的议会制度比英格兰王国早了一个世纪。——原注

上的"国家"。

　　还有一个事实妨碍西班牙的统一。在过去的100年，西班牙一直是王朝纷争、革命和反革命交织、热忱的保王主义和激烈的共和主义交替的受害者。然而，任何时候，无论是君主制还是共和制，都不足以强大到阻止西班牙的分裂倾向，这是由西班牙的地理条件造成的，也是西班牙人固有的政治倾向。西班牙国王阿方索十三世——1886年出生时就是国王，1902年到1931年执政——似乎在一段时间内维护了西班牙王国的稳定。尽管他没多少能力和勇气，但与维多利亚女王的外孙女巴腾堡的维多利亚·尤金妮亚[①]的婚姻稳固了他在欧洲的地位。统治的不稳定性非常真实地反映了国家普遍存在的问题。神职人员和世俗主义者之间、共和党人和君主主义者之间、以工业为主的北方社会主义者和共产主义者与以农业为主的保守且心存不满的南方农民之间，以及军队和人民之间难以达成和解。西班牙议会被一帮腐败无能的政客控制。摩洛哥正在榨干西班牙的鲜血。

　　西班牙的确一直处于分裂中。直到1923年，一位爱国军人完成了一场政变。在军队的协助下，米戈尔·普里·德里维拉建立了独裁政权。1923年到1930年，德里维拉将西班牙治理得很好。他重整了中央政府、省政府、市政府，镇压了分裂主义者的运动，恢复财政，重建了货币系统。他鼓励农业发展，并大大改善了整个国家的物质条件。最重要的是，他解决了摩洛哥的问题。德里维拉解救了即将坠入深渊的西班牙，然而，独裁者的权力最终要依靠军队。军队需要改

---

① 巴腾堡的维多利亚·尤金妮亚（1887—1969）的母亲是维多利亚女王的女儿比阿特丽斯公主。——译者注

革之处不少于民政部门。在改革军队的过程中，他所做的努力反而导致了自己的垮台。1930年1月，阿方索十三世遵从人民的要求，罢免了德里维拉。这也决定了阿方索十三世自己的命运。1931年4月，地方上的选举结果显示，虽然西班牙王国的农民依然忠于阿方索十三世，但城市居民反对他。为了不让国家陷入内战，阿方索十三世自愿流亡。

西班牙共和国立即成立。直到1938年，中央集权主义者和地方主义者之间、地主和农民之间、士兵和人民之间、神职人员和世俗主义者之间、保守党和共产党之间，一直在争夺西班牙共和国的统治权。1936年7月，西班牙共和国动荡不安的局势出现了新的危机。1934年，曾镇压过摩洛哥起义的佛朗哥镇压了阿斯图里亚斯分裂主义者的叛乱，但他随后被流放到加那利群岛。当摩洛哥出现叛乱时，被推举为指挥官的佛朗哥从加那利群岛乘船回到西班牙。1936年7月19日，佛朗哥带着大批摩尔人组成的骑兵和步兵登陆西班牙。

纵观西班牙内战的全部历史，仍旧存在着即使已经长期调查也无法解开的谜题。佛朗哥称自己的目标是将西班牙从第三国际支持的共产党人的牢笼中解救出来。他似乎实现了这个目标。然而，不确定的是佛朗哥发动叛乱有多大程度上是自发进行的，还是受到了国外势力的煽动。但不可否认的是，佛朗哥发动叛乱正合墨索里尼的心意，并且一直得到意大利军队的支持。意大利王国骄傲地声称，自己在西班牙内战的第一年为佛朗哥提供了至少10万名士兵和4370辆汽车。此外，它还向佛朗哥提供了大量枪支、弹药和其他战争物资。德国宣称自己在佛朗哥的胜利中贡献巨大，但其实它所做的贡献比意大利王国小得多。

自始至终，英国政府都很有耐心。它一直奉行不干预政策。1938年6月23日，内维尔·张伯伦说："我们的政策一直是要保证英国的利益最大化——就是和平。我们认为干预会造成一个必然结果：西班牙海岸的战火会不断蔓延，甚至会发展成一场大规模的欧洲战争。不干预政策一直以来的目标就是避免战争爆发。"张伯伦的冷静和决心及安东尼·艾登的温文尔雅使英国一直坚持不干预政策。由于获得的有关西班牙内战的情报存在很多矛盾，英国国内各党派对西班牙内战的观点呈两极分化，并困惑于该如何应对西班牙内战。一直喜欢喊口号和发表言论的英国工党由于马德里立宪政府占有西班牙议会的大多数席位（在西班牙，拥有议会席位数量多少并不重要），因而认为立宪政府为合法政府。从理论上讲，立宪政府的反对者就是叛乱者。叛乱者无疑得到了法西斯意大利王国和纳粹德国的支持，并且足以对抗英国善良的民主党人和法国更加团结的共产党人。在西班牙，许多法国人加入了外国军队为立宪政府战斗。但法国人民阵线——当时法国由莱昂·布鲁姆掌权——非常支持英国的不干预政策。

与此同时，西班牙内战持续的时间超出了任何一方支持者的预料。在佛朗哥回到摩洛哥后不到一周，在布尔戈斯，埃米利奥·莫拉将军建立了代表佛朗哥利益的临时政府[①]。从此，布尔戈斯就成为西班牙临时政府的首都。共和国政府对佛朗哥占领布尔戈斯的行为没有提出异议。1938年9月30日，佛朗哥被正式任命为临时政府的领导人并被授予专政的权力。1938年11月，意大利王国和德国承认佛朗哥政府。同时，西班牙内战中最著名的一场战役在托莱多发生了。共和国

---

① 临时政府于1936年7月24日建立。——原注

军队包围并最终炸毁了托莱多的王宫，但少数叛军幸存者在托莱多的王宫坚守了两个月，直到1938年11月包围被解除。一直到1938年10月，佛朗哥的军队都威胁着马德里。1938年11月8日，共和国政府只好迁往巴伦西亚。1939年，共和国政府又迁往巴塞罗那。此后，巴塞罗那成为共和国政府的权力中心。

英国和法国不遗余力地控制西班牙内战的参战人数，但收效甚微。1936年11月，令英国工党愤怒的是，英国政府禁止向西班牙运输战争物资。英国政府还警告意大利王国、德国、葡萄牙王国和苏联不要向西班牙派遣军队或运送物资。德国和意大利王国同意劝阻志愿兵，并同意命令志愿兵陆续撤离，前提是其他国家也要这么做。德国和意大利王国其实是在公然欺骗各国。英国政府的警告明显没有奏效。没有一个政府能阻止它们的国民加入西班牙的外国军队。

同时，海盗在地中海不断袭击英国和其他国家的商船及军舰。

用丘吉尔的话说，西班牙内战明显已经变成了"火药库附近的热炉子"。1937年9月，意大利王国和德国拒绝派代表参加在尼翁召开的会议。这次会议的目的是制定措施以抵御实力猛增的海盗。最终，9个国家就在地中海加强巡逻的计划达成一致。意大利王国虽然不接受自己的海上地位低于英国和法国，但当时支持了这个计划。然而，海盗的攻击还在继续。到1937年底，至少有25艘英国船只——其中8艘属于皇家海军——在西班牙海岸被海盗袭击。尽管如此，不干涉委员会继续坚持自己的原则。佛朗哥和同盟国迫切希望自己的交战权得到认可。英国虽然依旧拒绝承认佛朗哥具有交战权，但任命罗伯特·霍奇森为萨拉曼卡的英国外交官。1937年11月22日，英国认可了阿尔巴公爵为西班牙国民军政府驻伦敦的代表。

　　1938年到1939年的上半年，西班牙内战愈演愈烈。西班牙国民军不断袭击巴塞罗那，持续不断的轰炸造成了马德里和巴伦西亚严重的人员伤亡。1939年1月25日，莱里达沦陷。2月9日，梅诺卡岛沦陷。最终，在28个月的英勇抵抗后，3月28日，马德里的共和军投降。

　　英国提出从西班牙撤出志愿军的计划。1938年7月5日，不干涉委员会接受了计划。9月21日，西班牙共和国政府承诺解雇所有为它战斗的非西班牙士兵。一个月后，非西班牙士兵告别了西班牙。10月15日，1万名意大利士兵在加的斯踏上了回家的路。10月24日，佛朗哥释放了大批英国籍战俘。1939年2月27日，英国和法国无条件承认了佛朗哥政府并任命了驻西班牙大使。4月1日，美国效仿了英国和法国的做法。同日，不干涉委员会解散。5月19日，西班牙在马德里举行大型胜利庆典。当时，4万名意大利志愿军走在壮观的阅兵队伍的最前面。

　　西班牙内战结束了。西班牙内战有两个特点，使它不同于历史上的所有内战。为任何一方战斗的西班牙人都憎恨国内的政党。然而，事实不仅如此。这场内战是一次"带妆彩排"，目的是"在更大的剧院演出戏剧"。"戏剧"的内容将是民主制度和专制制度之间的较量。尽管如此，在历史因素和地理因素的影响下，西班牙的民族主义可能逐渐以联邦的形式重新出现。民族主义是那些最了解西班牙的人的希望。这些最了解西班牙的人依然相信西班牙只是暂时质疑和抛弃了民族主义原则。

- 独裁者的胜利
- 奥地利、捷克斯洛伐克与阿尔巴尼亚

The Triumph of the Dictators

Austria, Czechoslovakia, Albania

西班牙内战虽然结束了，却依然影响着欧洲局势。在德国，人们可以清楚地看到西班牙内战带来的影响。

奥地利共和国

　　希特勒最大的野心是"救赎"奥地利人。他在《我的奋斗》里写道："我们应当为了国家重建德意志奥地利……有着同样血液的人民应该属于同一个帝国。"不可否认的是，在希特勒执政之前，许多奥地利人就有这种想法。法国和意大利王国很关注奥地利共和国的政治独立和领土完整。1931年，由于各怀心思，各国未能结成关税同盟。

　　1933年3月，陶尔斐斯成功建立了独裁统治。对此，墨索里尼非常支持。陶尔斐斯是一个农民的私生子。奥地利共和国实力最强的独立政党是基督教社会党。陶尔斐斯完全靠自己的能力成为基督教社会党的领导人。1932年，在神职人员、农业技术人员和民族主义者及由施塔尔亨贝格和埃米尔·法伊领导的法西斯军队支持下，陶尔斐斯成为奥地利共和国总理。随后，他建立"祖国阵线"。"祖国阵线"的目的是联合所有政党反对奥地利纳粹。在墨索里尼的支持下，陶尔斐斯采取了强有力的措施。然而，很不幸，在维也纳，陶尔斐斯没有得到势力很大的社会民主工人党的支持。1933年10月，他幸运地躲过暗杀。在1934年2月，他击败了社会民主工人党，还处决了社会民主工人党的9名领导人。到底是如后来的奥地利共和国总理库尔特·许士尼格所说的是社会党咎由自取，还是民族主义者故意挑起事端？[①]评论家对这个问题的回答取决于他们自身的政治倾向。不管怎么说，陶尔斐斯为此付出了生命的代价。正如已经提到的那样，1934年4月，陶尔斐斯、墨索里尼和根伯什·久洛在罗马签订了一系列协议，目的是保证"欧洲国家，尤其是意大利王国、奥地利共和国和匈牙利王国之间能进行有效的合作，并实施共同认可的政策"。因此，墨索里尼变成了奥地利共和国实质上的保护人。英国和法国联合意大利王国，宣布它们持有相同的观点。根据相关条约，各国必须保证奥地利共和国的主权独立和领土完整。

希特勒立即还击。1934年7月，在克恩滕、施蒂利亚和维也纳，奥地利纳粹组织了起义。虽然陶尔斐斯被杀害，但纳粹还未得到军队或人民的支持。因此，当墨索里尼派遣3支队伍前往布伦纳山口时，希特勒似乎立即放弃了吞并奥地利共和国的想法。

许士尼格接替陶尔斐斯成为奥地利共和国总理。和陶尔斐斯一样，许士尼格也是一位能力超群的天主教教徒。他更具有维护奥地利共和国独立的坚定决心。为了使许士尼格满意，并打消墨索里尼的疑虑，1936年7月11日，希特勒暂时与奥地利共和国达成了协议。德国承认"奥地利共和国的全部主权"，并公开保证不"直接或间接"干涉奥地利共和国内政。奥地利共和国"承认自己是一个德意志国家"，特别重申了自己拥护《罗马议定书》。然而，奥地利共和国还通过一个秘密条款承诺："如果纳粹组织不寻求通过宣传影响奥地利人，那么奥地利共和国就允许纳粹组织继续存在。"

---

① 《告别奥地利》，第194页，虽然不公正但有价值的第一手权威资料。——原注

这个承诺是一次致命的妥协。纳粹分子迅速扩大了他们在奥地利共和国的影响力。同时，欧洲的局势使墨索里尼倾向于与德国独裁者保持更紧密的联系。对西方国家强加于意大利王国的制裁行为，墨索里尼深恶痛绝。他急于与希特勒合作，从而协助佛朗哥在西班牙取得胜利。因此，1937年，墨索里尼加入了《反共产国际协定》。意大利王国为罗马—柏林轴心增添了新的力量。

英国可能还是过于迫切地想化解矛盾。1937年5月，内维尔·张伯伦接替鲍德温担任英国首相。内维尔·张伯伦将化解矛盾视为最高目标，为此投入了全部精力。1937年底，内维尔·张伯伦派哈利法克斯伯爵爱德华·伍德前往柏林与希特勒谈判，希特勒却将之误读为"软弱和恐惧的征兆"。后来，安东尼·艾登辞去外交大臣职务。于是，希特勒更加确信英国首相内维尔·张伯伦准备不顾一切化解矛盾。

1938年2月2日，外交大臣安东尼·艾登宣布辞职。他可能比内阁其他同事更清楚地意识到墨索里尼在西班牙问题上的欺骗行为。因此，他不赞成内维尔·张伯伦试图与墨索里尼达成协议的行为。这是安东尼·艾登辞职的直接原因，他说："意大利王国对国际问题的大致态度和对西班牙的态度都让我坚信即将开始的罗马对话不会有好的结果。"然而，内维尔·张伯伦不赞同年轻的安东尼·艾登的观点。安东尼·艾登又说："如果我们为了平息现在国外的战乱就屈服于外界压力，那么我不认为我们能维护欧洲和平。"外交部副大臣第五代索尔兹伯里侯爵罗伯特·加斯科因-塞西尔与安东尼·艾登一起辞职，并更直率地表达了自己的担忧，他担心国外会认定英国政府不是在为和平贡献力量，而是在向勒索者妥协。

除了意大利王国，其他国家的局势也进展迅速。1938年1月末，奥地利共和国的纳粹分子第二次发动政变。这次政变失败了。1938年2月4日，希特勒罢免了德国战争部部长陆军元帅维尔纳·冯·布隆贝格、陆军总司令维尔纳·冯·弗里奇将军——他们之后被谋杀——和其他13位将军。他还将康斯坦丁·冯·诺伊拉特外交部部长的职位交给了里宾特洛甫。之后，希特勒掌握了德国所有武装部队的控制权。

1938年2月12日，希特勒邀请奥地利共和国总理许士尼格到贝希特斯加登会面。这次会面令许士尼格很痛苦，希特勒呈现出的，即使不是狂躁症患者的形象，也是一个恶霸和无赖的形象。东道主不断折磨可怜的许士尼格，直到其崩溃。在这样的情况下，许士尼格接受了希特勒的命令。他任命奥地利共和国纳粹领导人阿图尔·赛斯-英夸特为内政部部长，还赋予其调遣警察的权力。许士尼格同意大赦奥地利共和国的所有纳粹犯人，还同意奥地利共和国在希特勒的影响下处理外交事务。

不久，返回维也纳的许士尼格宣布奥地利共和国于1938年3月13日举行公民大选。公民大选将让奥地利人民选择是愿意继续做自由的德意志人还是做独立的奥地利人。

许士尼格的声明令希特勒怒不可遏。希特勒忘记了他刚刚向世界承诺自己渴望与所有邻国保持友好关系，决定立即向奥地利共和国发动侵略战争。在希特勒的命令下，阿图尔·赛斯-英夸特接替许士尼格成为奥地利共和国总理。随后，阿图尔·赛斯-英夸特邀请德国军队"进入奥地利并重建奥地利秩序"。这当然只是希特勒整个作战计划的一部分。1938年3月12日，德国军队入侵奥地利共和国。1938年3月14日，希特勒开车穿过维也纳的街道，接受了人们对"救世主"的

热烈欢迎。1938年4月10日，奥地利举行全民公决，通过了奥地利并入纳粹德国的决定。此后，直到1940年，奥地利甚至都不再是一个省，而是德国的一个地区。

为了得到奥地利共和国，希特勒使用了一项战术。由于如今这项战术被反复使用，人们也不幸熟悉了这项战术。德国确定了多个攻击目标。纳粹准备将所有入侵的目标国家变成自己的殖民地。装备精良的纳粹军队势不可当地拥向受害国家。受害国家难以抵挡德国军队的攻击。因此，一个又一个独立的国家被纳粹德国吞并。如果只把这一系列行动看作一项战术，谁也无法找到足以谴责这项战术的措辞，谁也无法评估其使受害者受到的屈辱。

捷克斯洛伐克共和国

奥地利共和国沦陷之后，轮到了捷克斯洛伐克共和国。在地理和种族方面，1919年的魏玛共和国有明显的弱点。但在波希米亚山脉的防御工事背后，是一个由法国工程师打造的几乎坚不可摧的国家。捷克斯洛伐克共和国富有、武装力量强大，国民大多拥有坚定的民主理想。法国和苏联承认捷克斯洛伐克共和国的战略重要性，并利用条约保障捷克斯洛伐克共和国的领土完整。1938年春，当局势变得严峻时，法国和苏联的部长们在布拉格向捷克斯洛伐克共和国保证，如果德国军队袭击它，它们会履行保护国的职责。同时，柏林的英国大使官方通知德国政府，如果战争爆发，英国将会支持法国。

虽然奥地利共和国被吞并使波希米亚西部暴露在德国面前，但波希米亚北部坚固的防御工事依然为德国军队进攻巴尔干半岛制造了巨大障碍。纳粹分子在奥地利共和国发动政变后，柏林紧接着给予布拉格官方承诺——努力改善德国和捷克斯洛伐克共和国的关系。1938年3月14日，内维尔·张伯伦强烈谴责了德国军队占领奥地利共和国的无耻行径。1938年3月24日，内维尔·张伯伦认为英国应该再次警告希特勒。他警告道，虽然英国在捷克斯洛伐克共和国问题上没做过承

诺，但如果战争爆发，英国会立即支援捷克斯洛伐克共和国。"对尤其像法国和英国这样的国家而言，这的确是事实。它们有悠久的友谊和相互紧密交织的利益，它们投身于民主自由的共同理想，并决定坚持理想。"①

同时，在捷克斯洛伐克共和国，柏林煽动的动乱愈演愈烈。

动乱的领导人康拉德·亨莱因是一个苏台德德意志人。1938年3月24日，在卡尔斯巴德发表的演讲中，他要求苏台德地区实行地方自治，并主张纳粹分子拥有在整个捷克斯洛伐克共和国传播纳粹主义思想的绝对自由。演讲实质上要求捷克斯洛伐克共和国放弃与民主国家的友谊，并采用柏林推行的外交政策。只有没有自尊的政府才会接受这样的要求。1935年，爱德华·贝奈斯接替托马什·加里格·马萨里克担任捷克斯洛伐克联邦共和国总统。随后，法国和英国敦促爱德华·贝奈斯快速让步，以满足叛乱分子的一切合理要求。1938年8月，英国政府派沃尔特·朗西曼非正式访问布拉格。沃尔特·朗西曼是一位经验丰富、有调解能力的英国前内阁大臣。他看到德国报纸越来越严厉地谴责捷克斯洛伐克共和国的动乱，并且谴责的内容过于夸大，严重失实，但他什么都不能做。1938年9月12日，希特勒称自己已无耐心。为了避免战争，内维尔·张伯伦飞往德国做最后的努力，他意识到，除非捷克斯洛伐克共和国允许德国吞并苏台德地区，否则战争将不可避免。英国和法国提议捷克斯洛伐克共和国将所有德意志人口占一定比例的土地和德意志少数民族自治的地区完全割让给德国。在"巨大的压力下"，捷克斯洛伐克共和国同意了英国和

---

① 《议会议事录》，1938年3月24日，1045—1046页。——原注

法国的提议。捷克斯洛伐克共和国的新内阁也同意了割让条款。波兰共和国和匈牙利王国也要求捷克斯洛伐克共和国割让土地。为此,内维尔·张伯伦第二次飞往德国。然而,他丝毫未能让德国减少对捷克斯洛伐克共和国的要求。法国宣布,如果捷克斯洛伐克共和国被侵略,它将伸出援手。苏联和英国宣布它们会支持法国。

战争似乎一触即发,因此,当内维尔·张伯伦在最后关键时刻宣布希特勒同意举行更进一步的会议时,英国议会、整个英国甚至整个世界,都松了一口气。

1938年9月29日,内维尔·张伯伦与希特勒、墨索里尼和法国总理爱德华·达拉第在慕尼黑会面。1938年9月30日12时30分,四人签订了《慕尼黑协定》。在9天的时间里,捷克斯洛伐克共和国的一片又一片领土相继被德国占领和吞并,最后只能投降,丧失了独立地位。1938年10月3日,希特勒进入布拉格,向各国展示了德国军队势不可当的力量。希特勒没有动用军队就征服了捷克斯洛伐克共和国,并在外交上战胜了英国和法国。

1878年,本杰明·迪斯累利从柏林返回英国时,英国人热烈地欢迎了他;当内维尔·张伯伦返回英国时,英国人更加热烈地欢迎了他。像前任首相一样,内维尔·张伯伦宣布自己带回了"令人感到荣耀的和平"。从飞机上走下来时,内维尔·张伯伦还向欢呼的人群挥舞着文件。文件里包括内维尔·张伯伦和希特勒签字的《慕尼黑协定》。内维尔·张伯伦当时的发言非常有意义:"昨晚签订的条约和《英德海军协定》一样,都代表着我们两国人民的共同心愿。今后,在处理任何与英国和德国相关的问题时,我们都应该采纳这种商议的方法。我们决心继续努力消除可能造成分歧的来源。我们决心为

维护欧洲和平作出贡献。"

《慕尼黑协定》由8项条款和1个附录组成。一个时间表详细地阐述了解决方案。从1938年10月1日到10月8日，依照解决方案，苏台德地区将经过4个阶段被"和平"地移交给纳粹德国。在捷克斯洛伐克共和国，还有哪些地方的德意志人在居民中占大多数？时间表为审查这些地方提出了约定的时间。国际委员会负责监督之后的公民大选。时间表也为国际委员会提出了约定的时间。捷克斯洛伐克共和国不得不服从。然而，内维尔·张伯伦可能还在沾沾自喜。德国人用不亚于英国人的热情向他致敬，这也是可以理解的。美国也不拒绝颂扬这位"愿意为和平而放下自己的骄傲，并冒着遭受嘲笑和误解的风险去探索每一种可能避免诉诸武力的解决方案"的政治家。《纽约时报》这样写道："在过去的两周时间里，内维尔·张伯伦是一位脱颖而出的英雄人物。他值得全世界善良的人的尊敬和爱戴。"塞缪尔·霍尔是内维尔·张伯伦最亲近的同事。他讲述了自己的观点："如果内维尔·张伯伦没有全身心投入和平事业……今天的世界就已陷入从未遭遇过的混乱和灾难中。回顾整个现代史，我也找不到像这样凭借一人之力扭转整个局势的案例。"①

1938年11月1日，英国议会召开。在议会召开前，人们的情绪就已经发生转变。内维尔·张伯伦的形象突然从英雄变成了懦夫和骗子。人们纷纷指责他的所作所为是给贪婪的侵略者支付"丹麦金"，是从一场不可避免的战争中得到的没有价值的喘息。1938年11月17日，针对人们的疑虑和指责，丘吉尔谨慎地表态。他在赞扬张

---

① 《泰晤士报》，1938年10月21日。——原注

伯伦的高尚动机和非凡勇气的同时，没有掩饰自己的担忧——英国在慕尼黑做出的让步无法"在几个月内阻止甚至改变欧洲大陆事态的发展"。事实证明，他的话很有预见性，"明年的这个时候，我们应该就会知道张伯伦对希特勒和纳粹的看法是否正确。到明年这个时候，我们应该就会知道绥靖政策究竟是平息了矛盾还是让希特勒和纳粹有了更大的胃口。同时，我们能做的是增强军队的抵御力量"。

至少，英国非常认真地完成了任务。有争议的问题是，如果没有《慕尼黑协定》所保证的局势缓和，战争是否会立即爆发。我们不应该做过多假设。但英国为了自己的安全牺牲捷克斯洛伐克共和国，这是不是正确或明智的选择呢？人们还应当质疑：更大胆的行动是否也更安全呢？如果在德国吞并奥地利共和国后，英国就直接联合法国和苏联全力支持捷克人抵制苏台德的德意志人，是否就可以不仅解救捷克斯洛伐克共和国，还能避免世界末日的到来？

无论上述问题的答案是什么，事实很快证明德国不只是要索要小国的领土。1919年，在巴黎，波兰共和国和捷克斯洛伐克共和国激烈地争夺泰申。1920年，泰申被分割：捷克人得到了煤矿区，波兰人得到了旧的城镇和许多工业企业。通过1938年11月1日缔结的条约，波兰人得到了泰申剩余的土地。斯洛伐克和罗塞尼亚的未来还不确定，而这关系到匈牙利人的切身利益。捷克人同意用德国和意大利王国的仲裁代替在慕尼黑被承诺的公民大选。仲裁的结果是斯洛伐克南部大约4200平方英里的领土和罗塞尼亚中部被割让给匈牙利王国。当时，根据这一仲裁结果，匈牙利王国可以如它长期以来所希望的那样，不再与波兰共和国拥有共同边界。不久后，匈牙利王国实现了自己更大的一个心愿。

　　1939年初，希特勒继续进行自己在慕尼黑被打断的"游戏"。曾经在奥地利共和国被成功实施的策略再次被实施。德国军队对布拉格的快速占领阻止了斯洛伐克的分裂运动。布拉迪斯拉发发生了暴动。随后，斯洛伐克宣布独立。匈牙利军队入侵喀尔巴阡-罗塞尼亚。希特勒和里宾特洛甫将捷克斯洛伐克总统埃米尔·哈查召到柏林，并用在贝希特斯加登折磨许士尼格的方式对待埃米尔·哈查。埃米尔·哈查表示自己"有信心将捷克斯洛伐克人民和国家的命运交到纳粹德国的手中。希特勒承诺纳粹德国将保护捷克斯洛伐克人民，承诺根据捷克斯洛伐克的特点让它自主发展"。"1939年3月14日6时，德国军队占领捷克斯洛伐克。捷克斯洛伐克政府命令人民不得进行抵抗。"

　　1939年3月15日，爱德华·伍德在交给上议院的总结中讲述了上述内容。他简明扼要地总结了从1939年3月10日至3月15日在捷克斯洛伐克发生的事。同一天，威尔士矿工格伦费尔在下议院说："对我们来说，这是耻辱的一天。我们允许暴力取代理性和公平，并且暴力胜利了。"[1]暴力的确胜利了。1939年3月15日19时15分，希特勒进入布拉格。在《慕尼黑协定》的安排下，国际委员会将布拉格给了德国，这使捷克斯洛伐克共和国没有能力抵抗德国军队的侵略。英国历史学家哈罗德·尼科尔森在他的著名作品《为什么英国处于战争之中》里这样写道："捷克斯洛伐克共和国被欺骗、被胁迫交出它的所有堡垒，因此，没有能力进行任何防御。捷克斯洛伐克共和国的铁路线路被切断，51%的煤矿落入德国手中。德国还得到了捷克斯洛伐克

---

① 《议会议事录：上议院和下议院》，1939年3月15日。——原注

共和国55%的玻璃工业、49%的纺织工业、三分之一的工业人口和27个最大的城镇中的14个城镇。德国得到了捷克斯洛伐克共和国的'马其诺防线'。这条'马其诺防线'的建造曾花费捷克斯洛伐克共和国5000万英镑。德国还成功夺走了民主国家的一个同盟国。这个同盟国位于欧洲中心一个至关重要的战略据点，拥有一支150万名士兵和2000架飞机的高效军队。"自1939年3月15日起，捷克斯洛伐克共和国的所有产业都完全被德国控制。情况彻底恶化了。

波希米亚人，尤其是犹太人，遭受了太多苦难。我们没有必要再进一步描述这些令人难过的苦难。在捷克斯洛伐克共和国充满希望和雄心壮志的日子里，领导者究竟不明智到什么程度才使灾难降临？现在也不是考虑这个问题的时候。重要的是，此刻暴政结束时，那些可能为欧洲重建负责的人应当意识到政客们于1919年以自决原则的名义犯下（或纵容）了严重的错误。人们常常在事后变得明智。对大多数人来说，哈布斯堡帝国的解体似乎是持续针对捷克人和南斯拉夫人推行愚民政策的报应。波希米亚即使没有独立的权利，也至少拥有自治的权利。波希米亚本可能通过联合奥地利共和国和匈牙利王国的方式获得自治。它是捷克斯洛伐克这个独立的复合国家的一部分。然而，波希米亚不仅缺少内部凝聚力，还要面对来自邻国的敌意。

德国占领捷克斯洛伐克共和国后，还发生了一些事。1939年3月21日，德国要求立陶宛共和国3天内交出梅梅尔。1939年3月22日，梅梅尔向德国投降。1939年3月23日，希特勒乘坐袖珍军舰登陆梅梅尔，随后正式占领这座城市。然而，德国并没有长久拥有这片平静的土地。

1939年4月7日，意大利军队占领了阿尔巴尼亚王国。几乎在同一

时间，佛朗哥在柏林宣布支持《反共产国际协定》。独裁者们以出色的密谋与组织能力，通过违反法律和道德的各条法则取得了整个欧洲战场的胜利。这是对我们自以为是的文明的讽刺！这是对人类希望的嘲笑！那些人力、财富和技术被无耻地误用于摧毁自由，并奴役自由人类。这些都是天谴快要降临的凶兆。一个又一个殉难的国家不断发出令人绝望的呼喊："天呢，还要多久？多久！"

第 16 章　｜　CHAPTER XVI

・ 坠入深渊

The Plunge into the Abyss

奥地利共和国有了麻烦后，捷克斯洛伐克共和国也有了麻烦。梅梅尔有了麻烦后，但泽也有了麻烦。但正如之前解释过的那样，在困扰巴黎和会的和平调解者的诸多问题中，波兰问题最棘手。人们最终实施的解决方案都是条件允许下的最佳方案。人们尊重美国总统伍德罗·威尔逊的"十四点原则"，并努力在对普鲁士造成最小伤害的前提下为重建的波兰制造经济繁荣的机会。但没有人意识到，德国如果再次武装是否会永远默许但泽保持中立，以及处于尴尬位置的"波兰走廊"的存在。

希特勒刚在波希米亚、摩拉维亚和斯洛伐克建立的保护国政权，消除了人们对波兰问题的疑虑。波兰共和国向斯洛伐克阵线上的德国军队打开国门，因此，其战略意义上的实力被大大削弱。波兰军队占领泰申，并轻率地与敌共舞，显然是因为无法阻挡瓜分战利品的诱惑。

波兰共和国在战略上一直处于弱势地位。波兰共和国虽然缺少防守阵线，但不打算通过外交联合强大的邻国。1919年，根据民族自决原则，波兰人重建了自己的国家。波兰共和国有很多少数民族。在3250万人口中，有近三分之一的人口是少数民族：大约300万犹太人，100万到150万德意志人，100万到150万俄罗斯人，超过600万乌克兰人。这些少数民族不包括但泽的居民。然而，但泽才是问题的症

结所在。

根据《凡尔赛和约》，但泽成了自由市，由国际联盟委派并听从国际联盟命令的高级专员管理。但泽有自己的旗帜，铸造自己的货币并制定自己的法律。为了保证波兰共和国入海口的自由和安全，国际联盟规定但泽由波兰共和国海关管理，并规定连接但泽和波兰共和国之间的铁路是波兰铁路的一部分。此外，但泽被划入波兰共和国关税区，并与波兰签订了关税同盟。然而，在超过一个世纪的时间里，但泽是一个德意志人居多的城市。德国已将但泽军事化。最高权力机构参议院服从柏林的命令。希特勒为但泽安排了纳粹地方长官。事实上，纳粹地方长官的权力要比国际联盟高级专员的权力大得多。

1939年3月23日，占领梅梅尔后，希特勒立即要求国际联盟将但泽归还德国，并在德国和东普鲁士之间修建"域外"公路和铁路。简单来说，德国要摧毁波兰走廊。希特勒向波兰共和国提出了"慷慨"的补偿条件，承诺保持波兰共和国现在的边境，并保留但泽作为自由港口进行贸易的权利。

英国随即反驳了希特勒的无耻提议。后来，希特勒的行为"彻底粉碎"了《慕尼黑协定》曾经带来的希望。在伯明翰讲话中，内维尔·张伯伦悲伤地承认了这点。与此同时，面对德国企图用武力统治世界的尝试，内维尔·张伯伦表明英国会竭尽全力进行抵抗。1939年3月31日，他在下议院的讲话中向波兰共和国做出了有历史意义的承诺："如果有任何行动明显威胁波兰共和国的独立，并且波兰共和国认为这种威胁严重到要动用军队抵抗时，英国会立即支持波兰军队。"

我们无从得知，声明是否让希特勒感到震惊。然而，可以肯定的是，它激怒了希特勒，却没能阻止他的行动。后来，法国迅速联合英国。希特勒对此没有任何表示。两周后，法国和英国向罗马尼亚王国和希腊王国做出了相同承诺。希特勒对此也置之不理。

希特勒为什么会无视英国和法国的声明呢？里宾特洛甫使希特勒确信，英国绝不会打仗。内维尔·张伯伦在慕尼黑一本正经的形象让希特勒印象深刻。因此，他认可了里宾特洛甫的观点。但英国和法国的承诺重要吗？可能正是英国和法国的承诺误导了波兰共和国，使其走向了灭亡。那么，这些悲惨的民主国家怎么兑现它们的承诺呢？

1939年4月27日，英国迈出了史无前例的一步：宣布立即执行义务兵役计划。不到24个小时，希特勒就在国会大厦谴责英国违反《英德海军协定》，侵害了1934年德国与波兰共和国缔结的《德波互不侵犯条约》。

英国和法国如何将波兰共和国从侵略者的怒火中解救出来？这依然困难重重。只有一个大国能真正解救波兰共和国。1939年3月，英国贸易代表团访问莫斯科。1939年4月，英国提议苏联应该保护波兰共和国和罗马尼亚王国的领土完整，尽管它们与苏联的关系不友好。斯大林迅速回应，提议在英国、法国和苏联之间建立三方联盟以保护波罗的海到黑海之间的所有小国。英国不准备强制改变波罗的海的几个小国的保护范围，因此与苏联的谈判暂缓。1939年5月3日，苏联免掉了马克西姆·李诺维夫外交部部长的职务，由莫洛托夫接任。苏联外交部部长的人员变动是对英国和苏联谈判的又一个打击。1939年5月8日，英国的所有提议被呈递给莫洛托夫。莫斯科的态度开始变化。虽然内维尔·张伯伦依然期待两国就修订的提议达成共识，但莫洛托夫在苏联苏维埃代表大会上的讲话没有清楚地表达苏联的立场。即使德国、拉脱维亚共和国和爱沙尼亚共和国之间签订了互

不侵犯协议，苏联也没有因此表明自己的立场。1939年6月11日，英国外交官威廉·斯特朗到达莫斯科。他此行的目的是加快英国与苏联的谈判进程。

当英国和苏联在莫斯科继续谈判时，德国毫不怀疑，如果它继续进攻自己的邻国，就会遭到英国坚决反对。内维尔·张伯伦和英国外交大臣爱德华·伍德反复警告德国。1939年6月29日，爱德华·伍德清楚地强调："英国的政策建立在两个坚实的基础之上：第一个基础是我们反对武力的决心。我们深知人们面对武力会失去安全感。第二个基础是我们对维护和平的建设性工作的渴望。全世界都能感受到我们热切的渴望。"1939年6月10日，内维尔·张伯伦在下议院非常直率地说："最近但泽发生的事难免让人恐惧。人们害怕德国密谋组织决定但泽未来的单边行动，并直接威胁波兰共和国和其他国家的安全。"内维尔·张伯伦认为自己有责任再次向德国重申英国于1939年3月31日宣布的声明："如果德国明显威胁波兰共和国的独立，并且波兰共和国认为德国的威胁严重到要动用军队抵抗时，我们将对波兰共和国施以援手。我们一定会实现这份承诺。"虽然内维尔·张伯伦没有完全放弃与德国谈判的想法，但正如一位当代评论家观察到的一样，他无疑让单方面用武力解决问题的尝试又遇上了"武力"①。

1939年7月21日，希特勒声明自己"完全拒绝用战争的方式解决但泽问题"时，显然决定了避免武力解决但泽问题的唯一途径是波兰共和国投降。希特勒认为因为英国鼓励波兰共和国，所以波兰共和国才选择不投降，如果战争不幸爆发，那么英国必须承担责任。同

---

① 《泰晤士报》，1939年7月11日。——原注

时，德国吞并奥地利共和国和捷克斯洛伐克共和国之类的"事件"影响了但泽的局势，并且使局势更紧张。德国媒体报道了上述情况，引发了一场暴力的反波兰运动。德国军队立即在斯洛伐克集结。

莫斯科的谈判没有取得进展，但未停止。没有任何收获的威廉·斯特朗回到了伦敦，一个由英国人和法国人组成的军事代表团将接替他在莫斯科继续谈判。1939年8月11日，军事代表团到达莫斯

苏联外交部部长莫洛托夫签署《苏德互不侵犯条约》，站在他身后的是里宾特洛甫与斯大林
摄者信息不详

科。8月21日，莫斯科的谈判突然停止。8月23日，在莫斯科，里宾特洛甫和莫洛托夫签订了《苏德互不侵犯条约》。此事震惊了整个世界——意大利王国可能除外。

两个月来，苏联一直在愚弄英国。即使苏联不是从谈判开始时就设计愚弄英国，这个难以掩盖的事实也侮辱了英国。这段令人不悦的历史依然充满神秘色彩。然而，英国的一个左翼学派不认为此事有何神秘之处。这个学派指出，事情的结果并不出乎意料，并认为英国不应当期待苏联能给出更好的答案。难道英国没有千方百计地表达对苏联的蔑视吗？难道苏联代表不明白两国只是勉强建立了正常的外交关系吗？在日内瓦，莫洛托夫曾不断声明，苏联已准备好兑现它对捷克斯洛伐克共和国的承诺。他还承诺与法国联合驱除德国侵略者。这时，英国或法国会给予莫洛托夫什么支持呢？在慕尼黑，难道英国和法国没有直接拒绝苏联的提议吗？因为缺少完整信息，这些问题很难有令人满意的答案。从事实推断出的结果是斯大林可能很高兴找到一个机会清算旧账。此外，苏联还能从与德国的接近中得到更多好处。通过《苏德互不侵犯条约》，苏联得到了波罗的海，并且制造了阻止德国军队朝东南方向进攻的障碍。在不给自己制造麻烦的情况下，苏联还能从四分五裂的波兰共和国获得很多利益。这些条件确实比西方国家提出的任何条件都更诱人。另外，苏联与德国的接近真正瓦解了《反共产国际协定》，否定了希特勒一直大肆宣扬的社会信条，并可能颠覆希特勒的整个外交制度。苏联得到的与德国失去的相当。与苏联的接近必然会给希特勒带来暂时的难堪，但因此使德国避免在两条线上同时作战。希特勒认为没有任何事能比让德国获得军事优势重要。

希特勒是什么时候决定做这个转变的呢？针对这个有趣的问题，法国的《黄皮书》进行了清楚的阐述。显然，直到1938年底，希特勒一直坚持执行《我的奋斗》中的计划。当德国与苏联争夺生存空间时，德国要维持与西方国家的和平。1938年12月，罗伯特·库隆德尔[①]向法国政府报告："德国好像确定好目标了。德国要建立一个更伟大的乌克兰。乌克兰要变成德国的粮仓。为了实现这个目标，德国军队一定要吞并罗马尼亚王国，征服波兰共和国，占领苏联。"同时，德国要保持与西方国家的友好关系，尤其是与法国的友好关系。因此，1938年12月，里宾特洛甫前往巴黎签订条约。根据条约，德国愿意接受现存边界作为最终边界，承诺用和平调解方式消除所有明显分歧。

1939年3月，捷克斯洛伐克共和国逐步沦陷。这使英国和法国对德国产生敌意。因此，希特勒开始转变自己的外交政策。1939年2月，里宾特洛甫在英国向法国驻伦敦大使罗伯特·库隆德尔保证，德国的外交政策有两个目标："通过《反共产国际协定》的机制，我们要千方百计地与共产主义做斗争。我们还要恢复殖民地。对待苏联，我们的态度应该像青铜一样坚硬，绝不会与它达成任何条约。"1939年3月，德国邀请波兰共和国加入《反共产国际协定》以合作对抗苏联。

然而，1939年5月9日，罗伯特·库隆德尔提醒德国政府，德国外交正在朝新方向发展。显然，里宾特洛甫也相信，即使德国暂时统

---

① 罗伯特·库隆德尔（1885—1959），法国外交官。在第二次世界大战前，他是最后一位法国驻德国大使。——译者注

治波兰共和国，也迟早会和苏联再次瓜分这个不安定的国家。德国和苏联的友好关系不仅有助于解决波兰问题，还能协助德国实现主要目标——摧毁英国。

第二次世界大战爆发后，英国直接发布的《英国白皮书》补充了罗伯特·库隆德尔的证据。《英国白皮书》中还包含英国政府和德国政府在1939年8月22日到9月1日战争前夕的通信。

我们可以用几句话概括最后一段和平日子里发生的事。1939年8月22日，英国政府决定："《苏德互不侵犯条约》的签订不会影响英国履行对波兰共和国的承诺。"1939年8月28日，英国驻柏林大使阿瑟·亨德森重申英国对波兰共和国的承诺。同时，阿瑟·亨德森表示，英国人民和德国人民都渴望德国和波兰共和国能更深入具体地相互理解，而英国希望德国和波兰共和国之间的直接谈判能满足两国人民的心愿。希特勒的口头回复要求来柏林的波兰共和国谈判代表接受德国为他们提供的"可接受"的提议。

当波兰共和国接到德国的蛮横要求而未来得及回应时，1939年9月1日，德国军队开始入侵波兰，并轰炸其城镇。

英国大使和法国大使告知里宾特洛甫，德国军队必须马上撤离波兰共和国，否则英国和法国将履行他们的承诺。英国和法国没有收到德国的任何回应。1939年9月3日，英国给德国做出决定的最后时限到了。11时15分，内维尔·张伯伦告知英国人民，英国处于战争之中。他总结了战争的原因："残忍的武力，糟糕的信念，不公、压迫和迫害，都是邪恶的事物。我们应该不顾一切反对这些邪恶的事物。我肯定，反对它们是正义的做法，而正义终将胜利。"随后，英国人将内维尔·张伯伦的这几句话扩展成了长篇大论，但再多的语言

也没能增强英国的武装力量。在这庄严的时刻，英王乔治六世向人民发表了简短宣言："我们被迫卷入这场战争。我们将与我们的盟国一起迎接一个对原则的挑战。这个原则如果获胜，将威胁世界上所有文明秩序。这个原则是为满足个人追求权力的欲望。它让一个国家无视国际条约和庄严的承诺，让一个国家用武力威胁其他国家的主权和独立。我们如果剥去这个原则的所有伪装，会发现它就是'强权即公理'的原始观念。如果整个世界都建立在这个原则之上，那么英国和英联邦将处于危险之中，甚至世界人民都将陷入恐惧之中。世界人民所有关于和平、正义和自由的希望都将破灭。"

无论1940年的战况如何，1939年9月3日都毫无疑问是世界历史的转折点。德意志第三帝国是一个以武力为基础，通过战争和征服而建立的大帝国。它挑战所有热爱和平的人，并蔑视国际道德和秩序依赖的所有原则。

回顾德意志第三帝国的起源与发展能帮助我们理解当前形势，这也是最终解决德国问题的一把钥匙。现代德意志帝国是普鲁士王国的作品，而普鲁士王国是人为创造的产物，一件战争的合成产物。法兰西革命家米拉波伯爵说："战争是普鲁士王国的国家工业。"在资源贫乏的国家，那些极具天赋的统治者拼尽全力建立一支军队。因此，勃兰登堡-普鲁士发展成普鲁士王国，而普鲁士王国发展成德意志帝国。俾斯麦、阿尔布雷希特·冯·罗恩和赫尔穆特·冯·毛奇为德意志第三帝国的建立奠定了基础。直到1933年，希特勒才建成德意志第三帝国。人们现在有充分的理由视希特勒为全人类的敌人。刚成为法国驻柏林大使（1931）的安德烈·弗朗索瓦-蓬塞分析了希特勒。他的分析很精辟："我很了解希特勒的性格。我知道他善变、虚

伪、矛盾并充满不确定性，但他同样风度翩翩并热爱大自然。希特勒曾向我提出关于欧洲政策的合理观点。同时，他拥有糟糕的疯狂、狂妄自大的嘴脸和邪恶的野心。有时，希特勒站在全世界面前，像一个拥有邪恶力量的疯子一样，企图颠覆其他国家，甚至整个欧洲，并企图改变地理和历史。有时，他又梦想成为维护和平的英雄，并梦想为自己建造宏伟的纪念碑。希特勒之所以倾向于向法国示好，是因为他和大多数德国人一样，有时会有一种对连年争战的疲倦和对结束战争的渴望……与此同时，他又想要加入英国和法国的联盟，以稳定欧洲西部和平。这样一来，德国就可以在欧洲东部随心所欲。"

希特勒即使拥有才能，也只是无所顾忌地将自己的才能用于实现自大狂妄的目标。他用一种设计巧妙的战术对他国造成了极大伤害，对文明造成了许多代人可能都无法治愈的创伤。历史总有一天会公正地审判希特勒及其行为。审判的结果不容置疑。"难道全世界的审判都不能做出正确的决定吗？"从欧洲的悲剧中，一个被战火净化过的世界最终会浮现出来。

· 重大事件清单

Chronological Table

1918 年

10 月 4 日	巴登被任命为德意志帝国首相。 德国请求伍德罗·威尔逊总统停战。 保加利亚沙皇斐迪南一世退位。
10 月 28 日	奥匈帝国求和。
10 月 30 日	协约国和土耳其在蒙德罗斯签订停战协定。
11 月 3 日	德国舰队在基尔发动兵变。
11 月 9 日	德皇威廉二世同意退位。
11 月 10 日	魏玛共和国建立。
11 月 11 日	5时，德国和协约国签订停战协定；11时，停火。
11 月 12 日	奥匈帝国的卡尔大公退位。 奥地利共和国宣布成立。

11 月 16 日	捷克斯洛伐克宣布建立共和国。 匈牙利宣布建立共和国。
11 月 25 日	1910 年选举的英国议会解散。
11 月 28 日	德皇威廉二世正式退位。
12 月 1 日	英国军队进入德国
12 月 6 日	英国军队占领科隆。

1919 年

1 月 18 日	和平会议在巴黎召开。 库恩·贝拉的共产党政府在匈牙利成立，持续到 1919 年 8 月。
2 月 6 日	德国国会在魏玛召开。
2 月 11 日	弗里德里希·艾伯特被选为魏玛共和国总统。
2 月 21 日	巴伐利亚州首任州长库尔特·艾斯纳在慕尼黑被杀。

3月4日	第三共产国际成立。 意大利的法西斯组织成立。
4月	巴伐利亚的布尔什维克起义失败。
5月6日	英国承认芬兰独立。
5月14日	希腊军队登陆士麦那。
6月6日	芬兰向布尔什维克宣战。
6月21日	战败的德国舰队在斯卡帕湾集体自沉。
6月28日	《凡尔赛和约》签订。
8月14日	《魏玛宪法》生效。
9月10日	《圣日耳曼条约》签订并且得到捷克斯洛伐克的承认。
9月12日	邓南遮进入阜姆。
9月27日	英国军队撤离阿尔汉格尔斯克。
11月19日	美国参议院拒绝承认《凡尔赛和约》。
11月27日	协约国与保加利亚签订《纳伊条约》。

1920 年

1月9日	荷兰王国拒绝引渡德皇威廉二世。
1月16日	国际联盟在巴黎召开第一次会议。
2月11日	由阿瑟·贝尔福主持的国际联盟理事会在英国召开第一次会议。 石勒苏益格、东普鲁士和西里西亚举行全民公投。
2月18日	保罗·德夏内尔被选为法国总统。
2月28日	法国铁路工人大罢工。
3月1日	霍尔蒂·米克洛什被选为匈牙利摄政。
4月19日	最高战争委员会会议在圣雷莫召开。
6月4日	协约国与匈牙利王国签订了《特里亚农条约》。
7月6日	波兰承认立陶宛独立。 小协约国成立。

9月23日	亚历山大·米勒兰被选为法国总统。 苏维埃俄国承认波罗的海国家独立。
10月25日	希腊国王亚历山大一世驾崩。
11月15日	奥地利共和国被允许加入国际联盟。
11月27日	意大利王国批准《拉巴洛条约》。

1921 年

1月16日	白里安成为法国总理。
2月16日	印度参政院在德里召开会议。 《里加条约》的签订使波兰共和国与苏维埃俄国之间的战争结束。 苏维埃俄国制定新经济政策。 卡尔大公试图夺回匈牙利王位。
5月	瓦尔特·拉特瑙组建新内阁。
8月25日	美国和德国在柏林签订和约。
10月	法国与土耳其缔结《安卡拉条约》。
11月12日	华盛顿会议召开。

1922 年

1月6日到13日	国际联盟在戛纳召开会议。
1月15日	法国总理普恩加莱执政。
1月31日	英国登记失业人数达1 904 300人。
2月6日	《华盛顿海军条约》和《九国公约》在华盛顿签订。
3月16日	埃及宣布独立。
3月24日	阿尔巴尼亚独立。
4月1日	奥地利国王卡尔大公去世。
4月10日	热那亚会议召开，到5月19日结束。意大利与土耳其签订和约。
4月16日	德国和苏联在热那亚签订条约。
5月31日	在国际联盟的倡议下，奥地利总理赛佩尔得到贷款。

6月19日	希腊承认阿尔巴尼亚独立。
6月24日	国际联盟批准托管叙利亚、巴勒斯坦和东非。
9月9日	第一届爱尔兰议会在都柏林召开。
10月10日	英国和伊拉克在巴格达签订条约。
10月11日	协约国和土耳其在穆达尼亚签订了停战协定。
10月13日	安卡拉成为土耳其首都。
10月19日	劳合·乔治辞去首相之职。
10月20日	土耳其人宣布建立共和国，凯末尔担任总统。
10月23日	博纳·劳成为英国首相。
10月30日	法西斯军队向罗马进军，墨索里尼成为意大利独裁者。
11月14日	德国的瓦尔特·拉特瑙内阁解散。 匈牙利获准加入国际联盟。

1923 年

1月2日	关于赔款问题的会议在巴黎召开。
1月8日	法国军队占领鲁尔区，直到1925年7月。
5月22日	苏联宪法被采用。
7月2日	英国码头工人罢工。
7月24日	协约国与土耳其签订《洛桑条约》。
7月31日	意大利军队占领科孚。
8月	施特雷泽曼成为德国总理，宣布停止消极抵抗。
9月13日	德里维拉成为西班牙独裁者。
9月28日	埃塞俄比亚获准加入国际联盟。
10月1日	大英帝国会议和帝国经济会议召开。
10月2日	协约国军队撤离君士坦丁堡。

10 月 21 日	莱茵共和国在亚琛成立。
12 月 6 日	英国大选。

1924 年

1 月 21 日	列宁去世。
1 月 22 日	拉姆齐·麦克唐纳领导下的第一个工党政府成立。
3 月	希腊共和国成立。
4 月 23 日	乔治五世参加大英帝国展览会开幕式。 普恩加莱和右翼党派组成的国家集团联盟下台。
6 月 13 日	杜梅格当选法国总统，同时米勒兰当选副总统。
8 月 30 日	关于德国赔偿问题的"道威斯计划"被采用。
10 月 29 日	英国大选。

11 月 4 日	斯坦利·鲍德温成为英国首相，拉姆齐·麦克唐纳成为副首相。

1925 年

1 月 20 日	《俄日条约》签订。
10 月 5 日	洛迦诺解决方案出台。
12 月 3 日	《爱尔兰边境条约》签订。

1926 年

4 月 24 日	《俄德条约》签订。
6 月 5 日	英国、伊拉克和土耳其签订条约。 德国获准加入国际联盟。
7 月	普恩加莱和右翼党派组成的国家集团联盟重新执政。 毕苏斯基在波兰建立专制统治。

1927 年

4 月 21 日　　　　意大利颁布《劳动宪章》。

6 月　　　　普恩加莱稳定法国货币体系。

9 月 17 日　　　　英国和希贾兹签订条约。

1928 年

8 月 27 日　　　　《凯洛格–白里安公约》签订。

12 月 20 日　　　　英国和中国签订条约。

1929 年

2 月 11 日　　　　意大利和梵蒂冈的教廷签订了《拉特兰条约》。

　　　　苏联制订第一个"五年计划"。

10 月	美国经济危机爆发。
	施特雷泽曼去世。
	塔尔迪厄接替白里安成为法国总理。
11 月	协约国军事管制委员会被解散。
	托洛茨基流亡。

1930 年

3 月	布吕宁成为德国总理。
5 月 17 日	白里安制订"欧洲合众国"计划。
6 月	卡罗尔二世回到罗马尼亚,很快建立了专制统治。
6 月 30 日	协约国对德国的军事占领结束。

1931 年

3 月 21 日	德国向奥地利提出建立关税同盟的想法。
4 月 14 日	阿方索十三世离开西班牙。
5 月	维也纳信贷银行倒闭。

6月20日	赫伯特·胡佛同意延期偿还各国对美国的债务和战败国对美国的赔款。
8月	英国出现经济危机。
8月25日	拉姆齐·麦克唐纳第一次组建内阁。
9月18日	日本军队侵略中国东北。
11月5日	拉姆齐·麦克唐纳第二次组建内阁。
12月11日	《威斯敏斯特法案》通过。

1932 年

2月2日	解除武装会议召开。
7月18日	土耳其加入国际联盟。
10月	伊拉克获准加入国际联盟，并终止托管。 大英帝国经济会议在渥太华召开。 关于中国东北的《李顿调查团报告书》出台。
11月29日	苏联和法国签订《苏法互不侵犯条约》。

1933 年

1月30日   希特勒成为德国总理。

2月24日   国际联盟谴责日本侵略中国东北，日本退出国际联盟。

2月27日   德国国会大厦被烧。

6月7日   德国颁布《授权法》。

10月14日   德国退出国际联盟。

1934 年

1月   亚历山大·斯塔维斯基丑闻发生。

1月26日   德国和波兰签订《德波互不侵犯条约》。

2月9日   《巴尔干公约》签订。
英国承认奥地利主权独立和领土完整。

6月30日   希特勒发起清洗运动。

7月29日	陶尔斐斯被谋杀。
	许士尼格成为奥地利总理。
8月2日	兴登堡总统去世。
8月19日	德国人承认希特勒建立的专制统治。
9月18日	苏联加入国际联盟。
10月9日	南斯拉夫国王亚历山大一世和法国外交部部长路易斯·巴尔都在马赛被谋杀。

1935 年

1月7日	法国和意大利签订《法意罗马协定》。
	德国通过全民公选，萨尔回归德国。
3月	英国制订裁军计划。
	法国延长义务兵服役期。
3月16日	德国重新开始征兵。
	韦尼泽洛斯最终离开希腊。
4月	英国、法国、意大利建立斯特雷萨阵线。

5月2日	法国和苏联签订《苏法互助条约》。
6月	英国和德国签订《海军条约》。 鲍德温接替麦克唐纳的首相职位。
10月3日	意大利军队攻打埃塞俄比亚。
10月7日	国际联盟谴责意大利。
11月	乔治二世夺回希腊王位。
11月18日	国际联盟对意大利实施制裁。 英国举行和平投票。
12月	"霍尔-拉瓦尔和平计划"出台。

1936 年

1月20日	乔治五世驾崩。 爱德华八世成为国王。
3月7日	德国军队占领莱茵兰非军事区。 韦尼泽洛斯在巴黎去世。 德国和日本缔结《反共产国际协定》。

5月9日	意大利吞并埃塞俄比亚。
7月15日	国际联盟对意大利的制裁正式解除。
7月18日	西班牙内战爆发。
7月20日	《蒙特勒海峡公约》在蒙特勒签订。
8月	"霍尔-拉瓦尔和平计划"出台。
10月	罗马—柏林轴心建立。 巴勒斯坦发生动乱。
12月11日	爱德华八世退位。

1937 年

3月	意大利与南斯拉夫缔结条约。
5月12日	乔治六世和伊丽莎白王后加冕礼举行。 　内维尔·张伯伦接替斯坦利·鲍德温英国首相的职位。
9月14日	《尼翁协定》签订。 英国通过五年重整军备计划。

11 月 7 日	意大利加入《反共产国际协定》。 爱德华·伍德访问德国。

1938 年

2 月 25 日	爱德华·伍德接替艾登任外交大臣。
3 月 12 日	德国吞并奥地利。
3 月 24 日	内维尔·张伯伦向德国发出严厉警告。
4 月	与意大利达成"君子协定"。
10 月	德国军队占领苏台德地区。
11 月 10 日	凯末尔去世。
11 月 11 日	穆斯塔法·伊诺努当选土耳其总统。

1939 年

1 月 26 日	巴塞罗那被佛朗哥的军队占领。

2月27日	英国和法国承认佛朗哥为西班牙的统治者并任命驻西班牙大使。
3月15日	德国军队占领波希米亚和摩拉维亚。
3月23日	德国军队占领梅梅尔。
3月28日	马德里在经历28个月的包围后投降。
3月30日	英国和法国对波兰做出承诺。
4月7日	意大利军队占领阿尔巴尼亚。
4月26日	英国和法国承诺保护希腊和罗马尼亚。
5月12日	英国和土耳其签订条约。
5月22日	德国和意大利结为军事联盟。
5月—6月	乔治六世和伊丽莎白王后访问加拿大。
8月21日	《苏德互不侵犯条约》签订。
9月1日	德国军队入侵波兰。
9月3日	英国和法国对德国宣战。 英国组建战争内阁。

出版后记：烽火燃史鉴 文库启新章

　　当历史的烽烟在书页间重新升腾，当金戈铁马之声穿透时空在耳畔回响，我们深知，一套名为"烽火文库"的战争史丛书，其意义远不止于知识的传递。它是一座精心构筑的桥梁，横跨浩瀚的时间长河与广袤的地域分野，将尘封的战争史诗、跌宕的人类命运与今日的思索紧密相连。此刻，吉林出版集团股份有限公司北京图书出版事业部怀着敬畏之心，将这套丛书郑重呈献于读者面前。

一、烽烟万里，照见历史纵深

　　"烽火文库"，如同一幅精心绘制的战争历史长卷：《从太平洋到多瑙河的万里狂飙：蒙古帝国扩张史》带我们驰骋于欧亚大陆的广阔疆场，剖析冷兵器时代巅峰的军事组织与震撼世界的征服狂潮，见证蒙古帝国的兴盛与衰落；《君士坦丁堡深仇400年：俄土战争（1877—1878）》则聚焦黑海与巴尔干半岛，揭示地缘政治、宗教文明与民族主义在两大帝国激烈碰撞的复杂图景；《冰雪屠场：拿破仑远征俄国的死亡行军》以凛冽的笔触刻画了军事天才遭遇的严酷自

然与战略溃败，成为帝国陨落的经典寓言；《欧罗巴的悲剧：经济危机、绥靖政策与第二次世界大战的爆发》深入剖析了和平愿景如何在经济崩溃与政治妥协的泥沼中滑向深渊，警示后世和平的脆弱；《自由的危机：全球视角下的英国内战史》则跳出本土叙事，将一场决定宪政体制的斗争置于全球殖民扩张与思想激荡的大背景下重新审视，等等。这些著作，主题各异，时空交错，却共同指向战争这一人类历史中最为暴烈也最富启示性的现象。它们不仅呈现了宏大的战役进程与关键转折，更致力于挖掘驱动战争的政治、经济、社会、文化及人性的深层动因，展现冲突如何塑造国家、颠覆秩序、淬炼文明。

二、跨越藩篱，搭建理解之桥

将如此厚重且视角各异的世界战争史名著引入国内，我们深知责任重大。本丛书恪守"尊重原著精髓"之铁律：一是遴选专业译者精研细作，力求译文既准确传达原著严谨的学术内核与深邃的历史洞见，又兼备中文的生动流畅，使读者在沉浸阅读中把握历史脉络；二是针对原著中涉及的特殊历史背景、文化术语或人物事件，我们审慎添加了必要的译注。这些注释如同路标，旨在扫清阅读障碍，拓展背景知识，帮助读者更顺畅地深入历史情境，理解原著深意。在此，我们必须郑重说明：书中承载的，是原作者基于特定历史语境、文化土壤及其个人学术视角的叙述与观点。吉林出版集团北京图书出版事业部作为出版方，其职责在于忠实呈现这些多元的历史声音，以供读者研究与思考。书中的某些表述、论断、评价或立场，不可避免地带有其时代烙印或个人色彩，仅代表原作者观点，不代表出版单位立

场。我们深信，今日读者拥有开阔的视野与独立的判断力，必能审慎甄别，以批判性思维汲取其中真知灼见，扬弃其时代局限，从而获得更为丰富和深刻的历史认知。

三、以史为鉴，烛照未来之路

"烽火文库"的立意，绝非沉溺于对战争暴力的猎奇，更非宣扬征服与仇恨。我们期望，当读者合上书本，耳畔的烽火号角逐渐平息，心中升腾的是对历史的敬畏、对和平的珍视以及对人类命运的深刻思索。战争是极端的压力测试场，它无情地暴露人性的光辉与幽暗、制度的韧性与缺陷、决策的智慧与愚妄。阅读这些著作，如同手握多棱的历史棱镜，折射出权力博弈的残酷逻辑、文明兴衰的复杂轨迹，以及在绝境中迸发的人性勇气与智慧光芒。

历史没有简单的答案，但蕴藏着无尽的启示。"烽火文库"愿成为读者探索历史迷宫的一盏灯，理解当下世界格局的一面镜，思考人类和平与发展前路的一块基石。我们期待这套丛书能激发更多理性探讨，促进跨越时空的对话，让历史的经验与教训真正服务于构建一个更可期的未来。

丛书首辑付梓，仅是一个开端。我们将继续秉持专业与热忱，在世界战争史乃至更广阔的历史学术领域深耕细作，不断为"烽火文库"注入新的优质内容，使其真正成为一座连接古今、沟通中外的坚实知识桥梁。

谨以此书，献给所有敬畏历史、关切当下、思考未来的读者。